張耀杰——著

卷一：胡適與《新青年》

胡適評議

2016年中秋節，我和南京朋友蘇南等人一起去看望年過九旬的
文史前輩俞律老人，老人揮毫為我題寫了本書的書名《胡適先生
傳》，並且題寫了我所概括的文明價值四要素：自由、平等、民
主、憲政。儘管書名有所調整，俞律老人的珍貴墨寶也依然值得
附錄於此。

上左：1914年在美國康乃爾大學讀書時的胡適
　中：1920年3月14日（從左至右）蔣夢麟、蔡元培、胡適、李
　　　大釗在北京西山臥佛寺合影
　右：1930年胡適與妻子江冬秀的合影
下左：1938年胡適任駐美大使時攝
　中：1958年4月10日，胡適與蔣中正於中央研究院
　右：1958年，胡適任中央研究院院長

北大教授胡適

胡適在美國演講　　　　　　　胡適與蔣介石

自序
我的家史與思想史

2006年，我在廣西師範大學出版社出版第一本關於民國時期之文史隨筆集《歷史背後：政學兩界的人和事》，主編馮克力先生要我為該書加寫一篇自序，我就大著膽子寫作了這篇《以不惑之思面對歷史（自序）》，在1989年之後的公開出版物中第一次以受害者家屬身分提到1959年前後所謂「自然災害」中的「非正常死亡」，比《炎黃春秋》的相關文章和楊繼繩先生的《墓碑》都要早。這篇自序還以《我的家史與思想史》為標題，刊登於《西湖》2007年第4期。2008年又錄入由我本人為青島出版社編選的「思想者文叢」之《私人記憶》。考慮到這篇自序專門提到閱讀胡適對於我個人的思想演變之決定性影響，我把它移用過來並稍加補充，作為這部三卷本的《胡適評議——政學兩界人和事》之序言。

1.我爺爺的「非正常死亡」

我是一個有「歷史癖」的讀書人，這種「歷史癖」的養成，根源於少年時代老輩人的講古和自己的亂翻書，成熟於閱讀英文讀本以及胡適的中文著作。

1964年，我出生於河南省禹縣梁北公社大席店大隊。據歷史

傳說，堯舜時期，這裡是以大禹為首的夏部族的聚居地。西元前
2208年，大禹的兒子夏啟，就是在這裡建立了中國歷史上第一個
「父傳子，家天下」的夏王朝。夏啟當年召見天下諸侯的古鈞
台，就建築在村子西邊幾公里處的三峰山下、呂梁江邊。

到了西元1232年，蒙古軍隊擊潰大金朝軍隊的決定性戰役三
峰山之戰，同樣是在這裡發生的。蒙古大汗窩闊台的弟弟拖雷繞
過金朝的軍事重鎮潼關，越過秦嶺從南往北直奔汴京（開封），
與大金朝將領完顏合達、完顏陳和尚率領的15萬大軍在三峰山展
開會戰。由於天氣突變，大雪紛飛，來自北方的蒙古軍隊越戰越
勇，以3萬兵力擊敗金軍精銳主力。大金朝從此一蹶不振，1234
年，大金朝徹底滅亡。

我所出生的大席店村，據說當初就是三峰山下、呂梁江邊用
來招待客人的一個草席大棚，相當於今天的民宿客棧。朱元璋時
代強制山西臨汾洪洞縣周邊的農民在村頭大槐樹下集合，然後被
武裝押運到河南中原地區墾荒殖民，才有了後來的大席店村以及
周邊的諸多村落。

1975年春天的清明節過後，正在讀小學五年級的11歲的我，
跟著大人們「農業學大寨」，每天在村子北邊的丘陵坡地上深挖
土地，一米多深的土壤裡面密密麻麻地堆著兩三層的人骨殘骸，
比較調皮的幾個同班同學，專門找出完整一些的人頭骨，像皮球
一樣四處亂踢。

由此可見，4000多年來，我的出生地一直是中國大陸最適宜
於人類居住的區域。然而，留在我童年記憶中的卻只有「飢餓」
兩個字。

聽村裡的老人講，我的爺爺張天霖和大爺爺張木霖，是在

1959年端午節前後「非正常死亡」的。我的父親從來沒有給我談到過爺爺的事情。

我們老張家在太爺一輩絕了後，太爺是從十里開外的黃榆店抱來的外姓人，當地的民間土著，把從別人家裡抱來用於傳宗接代的養子叫做「買官兒」。我太爺雖說是個「買官兒」，卻一直嬌生慣養，長大後抽鴉片賣掉了全部的土地房屋。我爺爺和大爺爺十三、四歲便一人一條扁擔走村串鎮，靠著當挑夫貨郎贖回了房產，後來才有了我的父親，再後來也就有了我。

我爺爺和大爺爺是著名的孝子。我的精明強幹的姥姥即曾祖母，經常要從兩兄弟手中勒索一些血汗錢供她的男人即我的太爺抽鴉片。稍不如意，她就要在村子裡撒潑罵街，公開斥責我的未成年的爺爺和大爺爺不孝順，直到我爺爺和大爺爺乖乖地交出血汗錢。

1949年前後的所謂「土地改革」（簡稱土改）時期，已經在縣城經營小錢莊的我爺爺，因為捨不下自己用血汗錢在鄉下置買的一點田產，回到村子裡參加「土改」，並且再一次挑起了童叟無欺的貨郎擔。他萬萬沒有想到，自己選擇的是一條死路。

我的爺爺、奶奶都是信仰一貫道的善男信女，為一貫道捐獻了許多銀錢，我的伯父張文義在縣城讀書畢業後，還在本縣的一貫道組織裡面充當了帳房先生一類的角色。隨著一貫道等民間會道門組織被清洗鎮壓，我的伯父被判處死刑緩期的重刑，在「土改」中由於及時把土地送給鄰村的姪女而被僥倖認定為「上中農」的我爺爺，因此成了可以被村民隨意揪鬥批判的「反革命家屬」。1959年端午節前後的麥收季節，我爺爺白天餓著肚子下地幹活，晚上還要忍受遊手好閒的地痞流氓集體狂歡式的揪鬥批

判，參與揪鬥別人的美其名曰「積極分子」的地痞流氓，可以得到多吃一個饅頭的獎勵。

據村裡的老人回憶，我爺爺是「笑著」餓死的。他餓得當眾扒開老舊草房上的老牆土吃，吃了幾口就沒有力氣了，臨死前給旁邊的我的大爺爺說了最後一句話：「哥，我不行了。」由於餓死的人極度痛苦，面部表情抽搐得像是在獰笑。

幾天之後，我的大爺爺去十里地外的梁北村看望剛剛出嫁的大孫女也就是我的大堂姐，回家途中在鄰村的麥田裡隨手撿到一顆收割後遺留的麥穗，就被餓瘋了的鄰村村民毒打一頓，回到家裡便倒地死亡。

這些血腥的事實告訴我，無論任何時候，都不要相信和同情最底層的窮人尤其是傳統農耕社會聚族而居的農民，一個人的文明程度大抵上是和他創造財富的能力成正比。

我爺爺從小就勤勞健壯，有較強的消化功能，比起村子裡遊手好閒的地痞流氓來更加禁不起飢餓，於是成了村子裡最早被鬥死餓死的一個人。我的從小讀書的伯父張文義被關了15年的監獄後減刑釋放，竟然活著走出了監獄。由此可知，監獄並不是最可怕的地方，被當權者蓄意煽動起來相互鬥爭的暴民，比監獄裡面的軍警要更加邪惡和恐怖。

在我的童年記憶裡，伴隨無休無止的飢餓的，是隨時隨地的鬥人狂歡。習慣於集體生活的農村人喜歡蹲在街上吃飯聊天。那些晚飯只能喝上一大碗稀湯而且娶不到老婆的壯漢們，晚飯後把飯碗就地一扔，高喊一聲「鬥人啦」，就可以衝到所謂「地富反壞右分子」——地主、富農、反革命壞分子、右派分子之簡稱——的家裡去揪人開批鬥會。我的從監獄裡面勞改釋放的伯父張

文義，就是經常被揪鬥的主要對象，每次開批鬥會，舉著拳頭帶頭高喊「打倒張文義」的，總是擔任生產隊會計的我的大堂兄，也就是我大伯父家的兒子張玉申。

童年時代玩「扯羊尾巴」遊戲時，唱過一首「日頭落，狼下坡，老人小孩跑不脫」的宗教讖語式的童謠，據說是從1950年土改時期流傳下來的。與這首童謠一起陪伴我的童年生活的，還有詛咒惡霸村幹部的另一首童謠：「孩兒，孩兒，快點長，長大當個大隊長，穿皮鞋，披大氅，抓著喇叭哇哇響。」

所謂「扯羊尾巴」，在有些地方叫「老鷹抓小雞」，無論是狼吃羊還是鷹吃雞，都是由最弱勢無助的成員來充當犧牲品的。「日頭落」隱含的意思是國民黨的青天白日落下了，共產黨的「解放軍」下山了，村子裡的老人小孩弱勢人等所面臨的，是難以逃脫的死亡命運。

在「社會主義改造」初期，為了抗拒私家財產的共產充公，許多農戶流著眼淚殺死了自家的牲畜，然後聚在一塊偷吃牛肉，他們邊吃邊說：「這也許是最後一次吃牛肉了。」而在事實上，牲畜被大批宰殺和農具被大量破壞，以及隨之而來的大躍進和大煉鋼鐵，直接導致大批農村人口的「非正常死亡」。

2.我的父親母親

我的父親張文欽和母親李素香，是1949年之後的第一屆禹縣師範畢業生。我的母親是禹州城裡的大家閨秀，她的哥哥即我的二舅曾是國民黨政府的一名官僚，當年是可以追隨蔣介石逃亡臺灣的，只是為了照顧數十口內親外眷才留在了大陸。1952年的「三反」運動（反貪汙、浪費、官僚主義）和「五反」運動（反

行賄、偷稅漏稅、盜騙國家財產、偷工減料、盜竊國家經濟情報）中，他在東北某大學副校長任上被鎮壓，像後來的儲安平一樣不知所終。

禹縣師範畢業後到褚河鄉擔任中心小學校長的我父親，一直是在各種政治運動中「爭上游」的積極分子，他在1957年的「反右」運動中，理直氣壯地把一名據說是「作風」不好的女同事打成了「右派」。在1962年的下放運動中，他自己遭受當地教師的打擊報復，被強行列入下放名單之中，連累妻子兒女與他一同操持起中國大陸最為古老也最為下賤的一種營生：種地務農。從此以後，飢餓像沒有盡頭的噩夢，伴隨著我的整個童年。有一年春天青黃不接的時候，我放學回家找不到食物，只好用髒手到鹹菜缸裡偷大頭菜充飢，並因此挨了一頓毒打。

爺爺去世後，我的奶奶哭瞎了雙眼。我的瞎了雙眼的奶奶去世之前總是在重複一句話：「等我死後，每個周年給我燒一塊刀頭肉，就一年不饑了。」

所謂「刀頭肉」，就是從豬的腰部割下來的長方形的肥肉塊，煮熟後可以拿到死人的墳頭去燒紙祭奠，然後再拿回家裡做成豬肉燉粉條之類的美味佳餚，招待前來祭奠的親戚們。一個忍飢挨餓幾十年的瞎眼老人，活在世上吃不上肉，只能把吃肉的希望寄託在死亡之後的陰曹地府。她唯一的寄託與希望，就是想像之中的陰曹地府，會比所謂的「共產主義的人間天堂」更加溫飽和美好。

我小時喜歡說一些不討人喜歡的調皮話，因此經常在家裡挨打挨罵，我挨了打就死命地哭喊。住在同一個院落裡的三伯母說我是「買官兒」，是父親「拉賣煤」時揀來的。

「拉賣煤」是很缺德的一種營生，就是把當地煤窯挖出來的煤炭，摻合上發電廠洗出的細煤碴，用兩個輪胎的架子車拉到東部平原地區當煤炭賣掉，從不能夠分辨煤炭品質的城鄉居民手中騙取一些不義之財。每到冬天，村裡的壯勞力就會成群結隊「拉賣煤」，然後用騙來的不義之財買菜割肉過春節。我從小就知道父親靠「拉賣煤」掙來的血汗錢很不光彩，但是為了爭搶一塊大肥肉，我還是要和哥哥妹妹們哭喊打鬧。後來讀了一些書，才知道其中的道理：「倉廩實而知禮節，衣食足而知榮辱。」

　　1971年，不滿7周歲的我與哥哥一起進入村辦小學春季班讀書。第一堂課是「毛主席萬歲，林副主席是毛主席的接班人」。放學回家，我興高采烈地詢問父親什麼叫接班人。回答是：「等我死了，你就是我的接班人」。我接上話茬說：「毛主席死了，林彪就接毛主席的班——」

　　話音沒落，一記耳光迅雷不及掩耳地打在我的臉上。暈頭轉向之中，我看到的是父親連同當紅衛兵、紅小兵的姐姐、哥哥「同仇敵愾」的眼光。改名為「張革命」的堂兄張玉修，更是露出一臉的殺伐之氣。有了這一次的慘痛遭遇，我開始對毛偉人以及歌頌他的《東方紅》、《大海航行靠舵手》之類的紅色歌曲深惡痛絕。每當有群眾集會，我都會咬緊牙關，用仇恨的眼光死死盯著大人們露出黑黃牙齒高唱紅歌的醜臉。

　　認識幾個字之後，我便於饑寒交迫中自己動手找書讀。其原動力只是父親反復強調的一句老實話：「不好好讀書，長大連媳婦也討不上。」

　　我所生長的大席店村是比周遭的村落更加貧窮落後的光棍村。村裡一位外號「老虎仇」的老光棍，因為討不上媳婦，總是

在自己的寡母面前露出老虎般的一臉凶相，卻偏偏喜歡逗我玩耍。我曾經夢想自己考上大學當上大官，不單自己擁有了漂亮女人，還替「老虎仇」娶來一房媳婦。到了2005年夏天，我帶著妻兒回河南老家時，才得知「老虎仇」已經去世。

3.我的讀書生涯

在「文革」中沒有完全燒掉的父親的存書裡，我找到了孔子的《論語》、胡風的《關於解放以來文藝實踐狀況的報告》、郭沫若的《地下的笑聲》和父親讀師範時的幾種字典和語文課本。我在放羊的時候把一本《論語》讀得滾瓜爛熟，其中感觸最深的是《子路第十三》中的如下對話：「葉公語孔子曰：『吾黨有直躬者，其父攘羊，而子證之。』孔子曰：『吾黨之直者異於是。父為子隱，子為父隱，直在其中矣。』」

明明是人之常情的道德錯位，竟然被孔老夫子強詞奪理地說成是「正直」之「直」。宋明理學的「存天理，去人欲」，在這裡已經呼之欲出。難怪孔夫子他老人家「年五十六，攝行相事，誅少正卯，與聞國政」了。

孔子兩千多年前的生活水準與我的童年時代大體相當，幾隻羊就是一家人安身立命的一種依靠。要是我放養的一隻羊被人偷走，一家人連買鹽打醬油的錢就沒有了著落。孔學儒教為了在天子君王面前取得克己復禮、獨尊儒術的特權地位，不惜把「父為子隱，子為父隱」尤其是「為尊者諱」的低級情感，絕對神聖化為「勞心者治人」的「存天理，去人欲」的愚民圈套，幾千年來一直是以扼殺犧牲民間弱勢者的正當人權和寶貴生命為血淚代價的。

反胡風運動時用馬糞紙印成的《關於解放以來文藝實踐狀況的報告》，使我明白了那些住在大城市裡的政學兩界的寫書人，其實是與傳統儒生一樣爭權奪利且造謠說謊的人間敗類。我自己的餓肚子與這些人的爭權奪利和造謠說謊之間，是存在著某種因果關係的。

1978年，14歲的我離家到鄉辦高中讀書，最好的口糧是帶著幾點蔥花的麥麵餅子，到了青黃不接的時候，我就只能吃死硬的玉米麵饅頭。因為自己矮小瘦弱，每到中午或傍晚開飯的時候，連一個搪瓷缸子的開水都搶不到手，只好用溫水浸泡長滿黑毛的乾糧充飢。半年下來，我開始頭暈眼花，經檢查患上了嚴重的胃病、貧血和近視，只好就近到我沒有出嫁的姐姐的未婚婆婆家裡去寄食。

高中時代的我，是全校的數學、物理、化學的第一、第二名的尖子學生，我當年的高考志向是報考中國科技大學的少年班。1980年7月參加高考時，16歲的我體重只有38公斤。我當年的高考成績過了大學本科的錄取線，由於身體不合格，只能被相當於中專的河南省漯河師範學校像收容垃圾人口一樣招收錄取。儘管如此，我變成了所謂「非農業戶口」的公家人，開始吃上了白饅頭和大米飯。

由於身體瘦弱和情緒低落，我採用各種方式逃避上課，兩年時間基本上是在閱讀中外書籍和睡懶覺中度過的。

1982年春節前夕，我的父親突然遭遇車禍，家庭的重擔一下子壓在我的肩上。半年後我成為一名農村中學教師，為了尋找遠離河南農村的個人出路，18歲的我開始自學英語，幾年後又毛遂自薦當了英語教員，從各種英文讀本中觸摸了解歐美國家的歷史

事件和文明常識，從此養成了更加自覺的「歷史癖」。

4.來自胡適的不惑之光

2000年夏天，我由於投稿的關係，認識了《黃河》雜誌的謝泳。我當時還是魯迅、周作人的崇拜者，在一次爭論中，我堅持認為魯迅、周作人的思想比胡適要深刻得多。謝泳以他特有的誠懇寬厚勸告我：「你說的有道理，不過你還是應該多讀一些胡適。」

謝泳的話語並沒有說服我，他的誠懇寬厚反而觸動了我。隨後我泡在圖書館裡集中閱讀了幾個月胡適，從胡適的〈介紹我自己的思想〉一文中，我找到了足以點亮自己的不惑之思：

> 我的思想受兩個人的影響最大：一個是赫胥黎，一個是杜威先生。赫胥黎教我怎樣懷疑，教我不信任一切沒有充分證據的東西。杜威先生教我怎樣思想，教我處處顧到當前的問題，教我把一切學說理想都看作待證的假設，教我處處顧到思想的結果。……在這些文字裡，我要讀者學得一點科學精神，一點科學態度，一點科學方法。科學精神在於尋求事實，尋求真理。科學態度在於撇開成見，擱起感情，只認得事實，只跟著證據走。科學方法只是「大膽的假設，小心的求證」十個字。沒有證據，只可懸而不斷；證據不夠只可假設，不可武斷；必須等到證實之後，方才奉為定論。少年的朋友們，用這個方法做學問，可以無大差失，用這種態度來做人處事，可以不至於被人蒙著眼睛牽著鼻子走。從前禪宗和尚曾說，「菩提達摩東來，只要尋一個不受人惑的人」。我這裡千言萬語，也只是要

教人一個不受人惑的方法。……我自己決不想牽著誰的鼻子走。我只希望盡我微薄的能力，教我的少年朋友們學一點防身的本領，努力做一個不受人惑的人。

自從被胡適的不惑之思點亮之後，我一直覺得自己有義務去點亮現代中國的歷史盲區和社會盲點，進而點亮更多的朋友和更多的讀者，使他們能夠從鮮活生動的歷史事件和社會現實當中，「學一點防身的本領，努力做一個不受人惑的人」。

在我看來，沒有細節就沒有真實，沒有真實就沒有歷史。世界上沒有無水之源和無根之樹，前生前世的老輩人的悲歡離合，在很大程度上就是當下社會的根源之所在。我所要點亮的政學兩界的人和事，主要偏重於每一位人物和每一例事件的歷史罪錯，或者說是歷史侷限性。這樣做的目的，一方面是要把歷史的本來面目告訴給更多的朋友和讀者，另一方面是為當下社會所存在的一些現實問題，提供一個歷史性解釋。換言之，我所點亮和講述的雖然是老輩人的舊情往事，所要發揚光大的卻是21世紀的生命感悟和公民理性。

5.《胡適評議》的寫作與思考

三卷本的《胡適評議──政學兩界人和事》，是我關於胡適先生的一部較為全面、真實、立體、生動的學術評傳，也是我將近20年來圍繞胡適所展開的相關專題研究之初步集結，其側重點在於展現胡適以及同時代各色人等的思想誤區和歷史罪錯。書稿涉及到民國時期政學兩界知名人物數百名，包括第一批睜眼看世界的蔡元培、梁啟超、嚴復、林紓、吳稚暉、黃遵憲、鄭孝胥、

夏敬觀；與胡適同時代的陳獨秀、錢玄同、劉半農、李大釗、馬敘倫、沈尹默、魯迅、周作人、高一涵、丁文江、王雲五、朱經農、張君勱、馬君武、章士釗、蔣介石、宋美齡、宋子文、蔣廷黻、顧維鈞、王世杰、朱家驊、陳誠、張群、楊杏佛、陳垣、錢穆；以及更加年輕的傅斯年、毛子水、楊亮功、雷震、陶希聖、吳國楨、孫立人、杭立武、陳雪屏、林語堂、殷海光、夏道平、蔣經國、陳之邁、周德偉、蔣碩傑、曾琦、徐復觀、胡秋原、徐高阮、李敖、蕭孟能、曹慎之、胡頌平、林毓生、余英時、周質平等等。全書力求在相關人物的比對碰撞過程中，立體性地展現各個人物的精神樣貌和歷史罪錯。

　　《胡適評議——政學兩界人和事》是我寫作編著的第29部書稿，我從事學術寫作的主要目標讀者，是大陸方面的中國人，但是，我將近一半的書稿是在臺灣和香港出版的。在已經國際化、資訊化的今天，如此荒誕之事竟然能夠發生在擁有13億人口的號稱是中國的東亞大陸，這不只是我個人的悲劇，同時也是全世界、全人類的一個悲劇。這個悲劇最為直接的罪錯原因，是胡適那一代的讀書人沒有把書讀明白；是蔣介石那一代的軍閥政客，不甘心遵守依法限權、「王在法下」、法律面前人人平等的憲政法理。

　　長時期的言論出版方面的審查管控，導致我無意識或下意識地帶著鐐銬跳舞的自我設限和精神閹割，隨之而來的是書中內容偏重於敘事性的實證文字，較少理論層面的充分展開和深入探討。儘管如此，貫穿於整部書稿的敘事和考證，是我將近二十年來反復強調並且持續驗證的一套比胡適的相關言論更加系統嚴謹也更加具有生命活力的、「充分世界化」的「健全的個人主義」

之價值要素和價值譜系。

在這部書稿裡面，我一再重複的觀點和結論是：

2000多年前的孔夫子，是把周王朝的愚民專制之術引入民間的始作俑者。打從孔夫子之後，前文明的中國社會逐漸形成了一套極具特色的以所謂天道天理及家國天下為本體本位，一方面在剛性的政權架構之制度設計層面獨尊君權、一方面在柔性的文化思想之意識形態層面獨尊儒術的政教合謀之神聖道統；由此而來的是在公天下、打天下、坐天下、平天下、家天下、私天下的怪圈魔咒和思想牢籠之中格物、致知、誠意、正心、修身、齊家、治國、平天下的貌似全能全知卻從來分不清楚公私群己之權利邊界的人生價值觀。與這樣一種本體論和價值觀相配套的，還有天地君親師、仁義禮智信、忠孝貞節廉恥之類神道設教、君權神授、奉天承運、天命流轉、替天行道、弔民伐罪、天下為公、天誅地滅、改朝換代、一統江山、「存天理，去人欲」的禮教綱常和道德規範。

在沒有個人自由、契約平等、法治民主、限權憲政之制度保障的情況下，持續提倡「充分世界化」的「健全的個人主義」之價值觀念的胡適，只能算得上是半個文明人，其他所有的中國人加在一起，也湊不夠另外半個文明人。歷史長河當中號稱英明偉大的明君賢相、聖人君子、仁人志士，在人類文明的座標系裡，幾乎全部是禍國殃民、倒行逆施的一個個負數。

我得出這樣的一個結論不是出於悲觀，而是出於絕望。個人自由、甲乙平等、法治民主、限權憲政的現代文明價值譜系及制度框架，歸根結底是由自由自治的主體個人及其社會組織創造發明和建設完善的。然而，即使在英美等國已經創立完善了一整套

的現代文明制度規則的情況之下，最擅長於仿造劣質假貨的「中國人」，卻偏偏不願意低下頭來腳踏實地地學習仿造這樣的一套文明制度，就只能歸結於種群基因或文化基因的暗黑敗壞了。

這麼多年來我一直在糾結設問：

假如1860年（清咸豐十年）的英法聯軍，或者1900年（清光緒二十六年）的八國聯軍攻佔北京之後，能夠像野蠻游牧的蒙古人、滿洲人那樣留下不走，現在被稱為「中國」的東亞大陸會是什麼樣子呢？

假如當年的狀元張謇不去依賴本國的官府朝廷，而是直接聯合上海租界當局在南通州的屯墾區域內實施像香港那樣的充分世界化的殖民自治；或者出任淞滬商埠總辦的丁文江，打定主意依託上海租界區的充分世界化的制度優勢和資源優勢，在上海周邊地區實施「一國兩制」的地方自治，會對江浙滬以及整個的東亞大陸，產生什麼樣的示範帶動效應呢？

假如提倡「充分世界化」的「健全的個人主義」的胡適，1945年卸任駐美大使滯留美國期間，能夠像日本的近現代文明先驅福澤諭吉那樣，對於中國傳統的孔孟之道有一種清醒的認識和決絕的態度，並且敢於利用美國社會充分世界化的輿論平臺，以負責任的獨立言論昭告國際社會尤其是中美兩國的政府當局，必須限制甚至剝奪蔣介石的專制獨裁的軍事指揮權，以實現中國軍隊的國家化和世界化，如今的中華民國應該不會成為偏安於臺灣孤島的世界孤兒吧？

假如第二次世界大戰之後的蔣介石，不是極其愚蠢地扛起愛國愛黨、禮義廉恥的民族主義之破爛旗子自我約束、自我捆綁，而是腳踏實地虛心承認自己所把控的中華民國，是一個事實上的

戰敗之國，進而老實認真地順勢搭上美國社會既文明又強大的順風舟船，蘇聯和中共就基本上沒有取得戰爭勝利的可能性。整個中國大陸地區腥風血雨的敗亡淪陷，就有可能被避免。展望未來，假如不久之後的某一天，以美國為首的國際部隊再一次把承載著「充分世界化」的文明之光的強大艦隊駛向東亞大陸，無論如何都不能夠自主推動大陸中國之文明轉型的「中國人」，還會像當年的洪秀全、張之洞、梁啟超、章太炎，尤其是專門躲藏在外國租界裡面優中選劣地從事依附於某一個「帝國主義」而打倒其他「帝國主義」的祕密地下活動的孫中山、陳其美、蔣介石、陳獨秀、李大釗、瞿秋白、周恩來、宋慶齡、魯迅、郭沫若、田漢、潘漢年等人那樣，打著所謂的愛國旗號極力阻止平民大眾搭乘「充分世界化」的順風舟船嗎？！

本書稿斷斷續續寫作了將近20年的時間，當初的一些資料是在圖書館裡用手抄寫下來的，輸入電腦之後幾經拷貝，已經很難找到原始出處。等到事實上並不整全的《胡適全集》出版之後，我的一居室的家中實在擺放不下這套42卷的大書，一直沒有狠下心來花錢購置。本書各個章節的注釋，也就無法保持比較充分的一致性。

十多年來我一直被限制出境，境外尤其是臺灣方面的相關書籍，我只能利用間接管道獲取碎片性的二手資料，真誠希望以後再版時能夠彌補這一缺憾。

作為一個還不具備財富自由的高度近視的糖尿病人，我在這部書稿的寫作過程當中，得到了諸多師友的各種幫助。

范泓先生不僅幫助審閱了部分書稿並提出寶貴意見，還專門提供了他所珍藏的周德偉著《自由哲學與中國聖學》、張忠棟

著《胡適五論》和《胡適‧雷震‧殷海光──自由主義人物畫像》。張忠棟的兩本書都有作者贈送陶恒生夫婦的親筆簽名，說明是陶希聖的兒子陶恒生於生前贈送給范泓的紀念遺物。范泓著《風雨前行：雷震的一生》、《在歷史的投影中》，也是我寫作相關章節的主要參考書。

筆名席雲舒的席加兵博士，是近年來專注於胡適研究的知名學者，他的學術成果，已經得到國際漢學界的廣泛關注。本書寫作過程中，不僅利用了他的學術成果，還抄錄引用了他從臺灣的胡適紀念館拷貝到的殷海光、林毓生寫給胡適的求助書信的圖片。在相互交流過程中，他一再強調林毓生其實沒有像他的學長李敖那樣認真讀過胡適的書，談胡適基本上是信口開河、血口噴人。江勇振雖然是哈佛博士，卻只懂得佔有史料，而不懂得論從史出。「通篇都是以意揣求、意從己出，末流之學而已。他的書可當作史料集來看，還可以當小說來看。」

智效民先生贈送的《胡適和他的朋友們》、《民主還是獨裁──70年前一場關於現代化的論爭》，邵建先生贈送的《瞧，這人：日記、書信、年譜中的胡適（1891-1927）》，章玉政先生贈送的《光榮與夢想：中國公學往事》，都給了我很大幫助。

2017年春節前後，北京地區大面積嚴重霧霾，我已經做過三次割治手術的老鼻炎再次復發，由於反復出現鼻塞頭暈的過敏症狀，我於無奈之下先去雲南麗江借住在李改亮女士暫時空置的家中，查閱利用了她所珍藏的一套《胡適全集》。隨後，我又到雲南大理借住在師濤先生家裡，基本上完成了這部書稿的整體框架。在此一併表示感謝。

另外需要感謝的師友，還有胡月光、王進、郭學明、蔡靂、

楊帆、馬俊、白森、陳天庸、張巍、田振章、孫建民、聶聖哲、黃澤榮（鐵流）、張貴良、閆偉、張一峽、耿劍、梁鴻、周月、何燕岳、莫國放、蕭崳、關飛進、張釗、張斌、董昊、朱輝、賀順明、王永耀、王雲山、丁長宏、張錦生、施高鴻、戴榮臻、高國傑、周達慧、傅萬秀、包志雯、王麗君、楊玉玲、王鈺琪、于滿意、劉紅、丁桂寧、谷濱、謝海泉、胡振敏、張才拉、丁恒立、張洪偉、閆殿軍、夏雪、王慶、呂挺、李紅兵、賀衛方、趙虹、馬勤、何宏江、李錫軍、謝泳、徐思遠、高蔭平、田丁、瞿虹秋、王岳、王元濤、姚敏、譚培中、張海星、鄒家駒、蒲明、侯歌、李祿麟、聶彥超、買永貴、王小明、姜永海、馬連華、吳臻斌、陸根文、周明劍、許宏泉、姜君才、楊申民、李大華、劉海東、朱慰軍、謝小萌、卯丁、魏汝久、王振宇、王愛忠、劉權有、楊建峰、于志成、梁曉峰、張合朋、魏定發、張天戈、董力等等。限於記憶，不可能一一列舉。

2005年11月初稿於北京
2018年1月28日補充改寫

作者的父親張文欽

作者的父母和大姐

作者在漯河師範之畢業照，後排左2

目 次 contents

第一章
胡適與蔡元培的良性合作[1]

中國傳統的聚族而居、等級森嚴的宗法農耕社會，總體上是
一種通過血緣姻親關係相互聯結的熟人社會。遊學謀官、經商營
市的江湖遊子以地域劃分的鄉黨行幫，是這種聚族而居、等級森
嚴的農耕熟人社會的擴展延伸。只認鄉黨派別不認平等契約及公
共法理的黨同伐異，因此成為傳統中國社會根深蒂固的一種陋規
習性。在民國時期已經初步近代化的北京大學內部，佔據明顯優
勢的號稱「某籍某系」的浙江鄉黨，所公開奉行的就是這種黨同
伐異的陋規習性。不屑於黨同伐異的安徽籍北大教授胡適，與浙
江籍北大校長蔡元培基於全社會的學術教育事業的良性合作，反
而是脫離時代、不合時宜的一種特例。

第一節　民國初年的嚴復與蔡元培

1912年5月3日，中華民國政府批准教育部呈請，把滿清王朝
遺留下來的京師大學堂，改稱為北京大學校，「現已由本照會該
總監督任文科大學學長，應請大總統任命除經科併入文科外，仍

---

[1] 本章節內容改寫自張耀杰著《北大教授與〈新青年〉——新文化運動路線圖》之
第十章《遭遇「包圍」的蔡元培》，中國言實出版社，2007年8月出版。

暫其舊。俟大學法令頒佈後，再令全國大學一體遵照辦理，以求完善而歸統一。」臨時大總統袁世凱還於當日頒佈任職令：「任命嚴復署理北京大學校校長。」[2]

當年的北京大學校，是全國範圍內唯一以大學命名的國立高等學府。時任教育總長的革命黨人蔡元培，雖然已經有過留學德國萊比錫大學的經歷，卻比曾經推動過地方選舉的袁世凱、徐世昌、張謇等前清官宦，更加傾向於一統天下的中央集權。1913年初，蔡元培主持頒佈新學制，把各省既有的高等學堂全部廢除，從而造成北京大學一校獨尊的畸形局面。直到1934年，蔡元培才在《我在北京大學的經歷》中承認了自己的施政錯誤：

> 民國元年，我長教育部，對於大學有特別注意的幾點：一、大學設法商等科的，必設文科；設醫農工等科的，必設理科。二、大學應設大學院（即今研究院），為教授、留校的畢業生與高級學生研究的機關。三、暫定國立大學五所，於北京大學外，再籌辦大學各一所於南京、漢口、四川、廣州等處。（爾時想不到後來各省均有辦大學的能力。）四、因各省的高等學堂，本仿日本制，為大學預備科，但程度不齊，於入大學時發生困難，乃廢止高等學堂，於大學中設預科。（此點後來為胡適之先生等所非難，因各省既不設高等學堂，就沒有一個薈萃較高學者的機關，文化不免落後；但自各省競設大學後，就不必顧

---

[2] 《政府公報》，1912年5月5號。黃世儒編撰《蔡元培先生年譜》上冊，北京大學出版社，1998年，第132頁。

慮了。）[3]

接著這段話，蔡元培回憶說：「是年，政府任嚴幼陵君為北京大學校長；兩年後，嚴君辭職，改任馬相伯君，不久，馬君又辭，改任何錫侯君，不久又辭，乃以工科學長胡次珊君代理。民國五年冬，我在法國，接教育部電，促回國，任北大校長。」

蔡元培關於「嚴幼陵」——嚴復原名宗光字又陵——等人先後擔任北大校長的回憶嚴重失實。查勘王學珍等人主編的《北京大學紀事》，1912年1月24日，京師大學堂總監督勞乃宣呈請清朝學部，以病軀不能理事為由提出辭職。2月25日，剛剛於十天前當選臨時大總統的袁世凱頒佈命令，「所有京師大學堂總監督事由嚴復暫行管理」。5月3日，袁世凱任命嚴復署理北京大學校校長。10月1日，袁世凱任命章士釗為北京大學校校長。在章士釗拒不就職的情況下，袁世凱又於10月18日任命馬良即馬相伯代理北京大學校校長。12月27日，袁世凱連下三道命令：

> 北京大學校校長章士釗呈請辭職。章士釗准免本官。
> 代理北京大學校校長馬良呈請辭職，應照準。
> 任命何燏時署北京大學校校長。

3　蔡元培：《我在北京大學的經歷》，原載《東方雜誌》第31卷第1號，1934年1月。見袁進編《學界泰斗——名人筆下的蔡元培，蔡元培筆下的名人》，東方出版中心，1999年，第428頁。在1937年的《我在教育界的經驗》中，蔡元培再次表示說：「後來我的朋友胡君適之等，對於停辦各省高等學堂，發現一種缺點，就是每一省會，沒有一種吸集學者的機關，使各省文化進步較緩。這個缺點，直到後來各省競設大學時，才算補救過來。」原載《宇宙風》，1937年12月第55期、1948年1月第56期。

1913年11月5日，何燏時（錫侯）呈請辭職。同年11月13日，教育部訓令北京大學校工科大學學長胡仁源，在北京大學與北洋大學尚未合併之前，暫行兼管校中一切事務。[4]

蔡元培刻意回避的重要事實是，嚴復的辭職離校與他1912年7月3日簽發的《教育部總長照會》直接相關，抄錄如下：

> 茲查大學校分科各學長中，法政科大學學長王世徵有總統府兼任職務，農科大學學長葉可梁有外交部兼任職務，商科大學學長吳乃琛有財政部兼任職務，顯與國務院通令相背。且大學學長所負教育責任至為重大，兼承他職，必有顧此失彼之虞。外間輿論，對於此事評騭頗多。相應照請貴校長查照前項通令，轉囑各該學長於學校職務與官署職務之中，何去何從，擇任其一。庶官紀可籍是整飭，而吾莊嚴神聖之教育界，亦不致貽他人口實也。即希貴校長查照施行，並祈即日見覆為荷。[5]

按照陳平原的解釋，現存北大檔案館的這份照會上，有嚴復及各分科大學學長的圈閱，以及「初五會議定奪」的批註。7月5日開會討論的結果是「各學長皆以願辭學校職務為請」，其主要原因是：「單靠北京大學的薪水，學長們根本無法『體面』地生存下去。……身為最高學府的行政領導，須兼差方能維持基本生活，這其實是很可悲的。」[6]

---

4 王學珍等主編《北京大學紀事》徵求意見稿上冊，北京大學出版社，1997年，第29-36頁。
5 引自陳平原著《老北大的故事》，江蘇文藝出版社，1998年，第127-128頁。
6 陳平原：《老北大的故事》，第128-129頁。

所謂「體面」，是一個極富彈性空間的漢語詞彙。以嚴復為例，他擔任北大校長的月薪是300元，在就任北大校長前後，他還有包括海軍部參謀、學部名詞館、總統府顧問在內的多項兼職收入。擔任北大校長期間，他在1912年4月2日寫給夫人朱明麗的家信中寫道：「他日若留得名詞館不拆，海軍參謀猶在，則月六百金，姑且敷衍，與家人節儉過日，勝大學堂總監督數倍也。」

　　嚴復提出辭職一年後的1913年5月27日，在日記中留下這樣的記載：「海軍部三百元，委員會二百元。」[7]

　　在一名北大學生一年只需要花費180元就可以很體面地生活學習、教育部單身職員錢稻孫每月60元薪金都花銷不完的情況下，以翻譯《天演論》、《原富》（即《國富論》）、《群己權界論》、《法意》（即《論法的精神》）等西方學術名著聞名於世的北大校長嚴復，在每月灰色收入將近千元的情況下還要一再哭窮；他的所謂「體面」，說到底就是像大多數一心想當官發財卻又缺乏行政操作能力的中國傳統儒生一樣，不能夠也不甘心與西方現代工商契約及民主憲政社會以人為本的個人自由、甲乙平等、法治民主、限權憲政的文明價值正常接軌。換言之，奉行「學而優則仕」、「唯有讀書高」之類儒教教條的中國讀書人的「可悲」之處，並不在於是不是「須兼差方能維持基本生活」；而在於他們從來不具備最低限度的生存能力和文明意識。

　　嚴復接任北大校長之後，曾經在寫給得意門生熊純如的書信中談到辦理文科的基本思路：「欲將大學經、文兩科合併為一，以為完全講治舊學之區，用以保持吾國四、五千載聖聖相傳之綱

---

[7]　陳平原：《老北大的故事》，第129頁。

紀彝倫道德文章於不墜，且又悟向所謂合一爐而冶之者，徒虛言耳。為之不已，其終且至於兩亡。故今立斯科，竊欲盡從吾舊，而勿雜以新。餘科監督、提調，必用出洋畢業優等生。」[8]

按照嚴復的想法，文科之外的諸多學科應該全部西化，由歐美留學生主導各學科的發展壯大，留下相對封閉的文科來專門傳承中國傳統文化。為實現這一設想，以校長身分自兼文科學長的嚴復，聘請桐城派古文家姚永概（字叔節）擔任文科教務長。

在此之前，京師大學堂一直是桐城派古文家的勢力範圍。首任總教習、桐城派領袖人物吳汝綸，是嚴復翻譯西方學術名著的主要贊助和審訂者。姚永概的兄長姚永樸（字仲實）、姐夫馬其昶和古文名家林紓（字琴南）等人，都是京師大學堂以及北京大學校的經科及文科教授。桐城派在北大文科失去優勢地位，是姚永概於1913年11月辭職之後的事情。

1912年年底，辭職後的嚴復在寫給熊純如的書信中解釋說：「方今吾國教育機關，以涉學之人浮慕東制，致棼鬣不可收拾。子弟欲成學，非出洋其道無由。……教部使複回校，必無此事，其原因複雜，難以一二語盡也。」

嚴復這段話的意思是說，自己辭職離開北大的原因很複雜，其中一個主要原因是教育當局喜歡模仿相對低級落後的日本學制，而捨棄了更加文明先進的西洋學制。

關於此事，當年與嚴復站在對立面的教育總長蔡元培另有回憶：

---

[8] 嚴復：《與熊純如書》，王栻主編《嚴復集》第3冊，中華書局，1986年，第605頁。

本校在這二十四年中，可分三個時期來說：第一，自
開辦至民元。十數年中，經過好多波折……學校的制度大
概是模仿日本的……第二，自民元至民五。民元時，始將
經科併入文科。當時署理校長的是嚴又陵先生，自兼文科
學長，其他學長也都是西洋留學生。……大有完全棄舊之
概。……但當時的提倡西學，也還是販賣的狀況，沒有注
意到研究。第三，自民六至現在。這幾年，因為提倡研究
學理風氣……僅設文、理、法三科……謀學貫中西，如西
洋發明的科學，固然用西洋方法來試驗中國的材料，就是
中國固有的學問，也要用科學的方法來整理他。[9]

比起辦學理念上的意見分歧，真正起到決定性作用的是中國
傳統社會侷限於鄉黨派別觀念的黨同伐異。1932年，為紀念北大
校慶三十五周年而編撰的《國立北京大學校史略》，明顯表現出
對於嚴復的全盤否定：「自復來校，校中盛倡西語之風。教員室
中，華語幾絕。開會計事，亦用西語。所用以英語為多。有能作
德語者，尤名貴為眾所稱羨。法國教員鐸爾孟獨心非之，歎為非
興國之征。眾弗顧也。後復去職，流風不泯者猶數年。至蔡元培
來，始革之。」[10]

當年實際掌握北京大學控制權的，是號稱「某籍某系」的
浙江籍人士陳大齊、沈尹默、沈兼士、馬幼漁、朱希祖等人。到
了落款時間為1966年1月的《我和北大》中，沈尹默乾脆把自己

[9] 蔡元培：《北大成立二十五周年會開會詞》，1922年12月17日。原載《北京大學
     日刊》，1922年12月23日。引自高叔平編著《蔡元培年譜長編》第2卷，人民教
     育出版社，1998年，第596頁。
[10] 陳平原：《老北大的故事》，第137頁。

塑造成為抵制嚴復等人崇洋媚外的文化鬥士：「還有一個寶貝，是當時教英文後來當預科學長的徐敬侯。他一開口就是『我們西國』如何如何。他在教務會議上都講英語，大家都跟著講。有一次，我說：『我固然不懂英語，但此時此地，到底是倫敦還是紐約？』我並且說：『以後你們如再講英語，我就不出席了。』我放了這一炮，他們略為收斂了一點。但這種情況由來已久，相習成風，一直到蔡元培先生任校長後，才有所改變。」[11]

第二節　北京大學的鄉黨派系鬥爭

沈尹默原名君默，字秋明，別號鬼谷子，浙江湖州人，1883年出生在陝西漢陰。他雖然不是紹興人，卻與魯迅、周作人兄弟一樣出生於師爺世家。關於嚴復的離開北大，沈尹默在《我和北大》中回憶說：

> 一九一二年蔡元培任教育總長，範源濂是次長，董恂士大約是秘書長，頗專權，因嚴復抽鴉片，示其辭北大校長職，以何燏時代理校長，仍兼工科學長。這是新舊鬥爭之始。嚴復之被趕，抽鴉片是表面理由，真正的原因是北京大學不服教育部管。嚴復之一向不服教育部管，也不僅僅是他的來頭特別大，而是他有一個六萬兩存摺在手中，這個存摺是東清鐵路股票，存在華俄道勝銀行。……北大第一次的新舊之爭，是爭領導權，當然，也包括思想鬥爭

---

[11] 沈尹默：《我和北大》，《文史資料選輯》第61輯，中華書局，1979年，第223-229頁。

在內。

「董惇士」是沈尹默對於董鴻禕字恂士的錯誤記憶。董恂士是浙江仁和人，1878年出生，是清末外交官錢恂的女婿，比錢恂同父異母的弟弟錢玄同和錢恂的長子錢稻孫年長九歲。他早年曾任學部候補主事，後赴日本留學。1901年至1904年就讀早稻田大學政治科期間，與錢恂合作編譯過日本的政治學書籍。1903年春夏之交，他與秦毓鎏、葉瀾、龔寶銓、陶成章、魏蘭、陳天華、黃興、劉揆一、張繼、蘇曼殊等人共同參與組織日本留學生的第一個帶有反清革命色彩的社團組織軍國民教育會，並且與上海方面的蔡元培、吳稚暉、章太炎等人相互呼應。

董恂士在日本完成學業後，一度隨錢恂出使歐洲。中華民國成立後，他追隨蔡元培出任教育部秘書長，1912年9月升任教育部次長，1916年因病早逝。

據王雲五回憶，1912年1月下旬，他已經被廣東同鄉孫中山聘請為大總統府秘書，只是出於對教育事業的關心，給素不相識的教育總長蔡元培寫了一份建議書。蔡元培很快回信，邀請他到教育部「相助為理」。王雲五請示孫中山，得以半日在總統府服務，半日到教育部相助，從此與蔡元培建立起「蔡先生視我如手足，我則視蔡先生如長兄」的親密關係。

教育部從南京遷移北京之後，王雲五任專門教育司科長，當時的許壽裳任普通教育司科長，魯迅任社會教育司科長，董恂士的內弟錢稻孫任專門教育司主事。隨著蔡元培、範源濂相繼辭職，教育總長先由海軍總長劉冠雄兼署，接著由農林總長陳振先兼署。陳振先是留美歸來的農學專家，1913年2月到任後把廣東

同鄉王雲五提拔為科長兼主任秘書：

> 查那時候的國會議員被選資格中包括有中央學會會
> 員一項特殊資格。由於原規定頗為含糊，致有相當於專門
> 學校的許多雜牌學校畢業生紛紛比附要求；從寬從嚴，應
> 由教育部決定。在討論此一問題的部務會議中，除社會教
> 育司夏司長曾佑無意見外，其他參事三人（原額四人中有
> 一人外調）與普通專門兩司司長意見一致，卻與陳兼總長
> 的主張相左。陳先生不肯屈服於多數之幕僚，而五位高級
> 幕僚一致反對總長，致釀成僵持之局。……全體參事司長
> 除社會教育司長夏先生外，一致對陳總長以集體辭職為要
> 脅。陳總長不為所動，皆予照準。除派我暫兼專門司司長
> 外，並派楊科長曾誥及彭視學守正兼署參事。董次長為表
> 示對於辭職參司五人之同情，亦請病假不到部。[12]

王雲五所說的五位高級幕僚，指的是參事、浙江寧波人鐘
憲鬯（觀光），參事、江蘇武進人蔣竹莊（維喬），參事、江蘇
武進人湯愛理（中），專門教育司司長、陝西周至人路壬甫（孝
植），普通教育司司長、河北任丘人王桐齡。董次長即時任教育
部次長的董恂士。這一僵持局面的結果是：「陳先生不知受到外
間什麼壓力，突然請辭兼署教育總長之職，改由請假中之董次長
暫代部務。不久又由汪大燮來長教部。」於是，站在廣東同鄉陳
振先一邊堅持長官負責制的王雲五，不得不隨著陳振先的辭職而

---

[12] 王雲五：《蔡子民先生與我》，袁進編《學界泰斗——名人筆下的蔡元培，蔡元
培筆下的名人》，第175-180頁。

離開由浙江、江蘇人掌控把持的教育部。

關於當年的教育部次長董恂士，與陳寶琛、嚴復、林紓等同鄉前輩關係密切的福建人黃濬，在錄入筆記體回憶錄《花隨人聖庵摭憶》的《踐卓翁與天蘇閣》中寫道：

> 林畏廬晚年，自署踐卓翁，踐卓之義，眾皆莫解。久乃知先生民國初元以北大教席事，與教育次長董恂士鴻禕迕，大怒。踐卓者，踐董卓也。董卓者，恂士也。此真匪夷所思。[13]

這裡所說的林畏廬就是林紓，按照黃濬的說法，林紓離開北大的直接原因，是與教育次長董恂士發生過激烈衝突。

林紓本人在《訓子書》中聲稱：「大學堂校長何燏時，大不滿意於余，對姚叔節老伯議余長短。……實則思用其鄉人，亦非於我有仇也。」[14]

以「正宗」自居的林紓，還在《與姚叔節書》中指責章太炎的眾多師徒「騰噪於京師，及力排媢姚氏，昌其師說，意可以口舌之力，擾蔑正宗。」[15]

按照沈尹默《我和北大》的回憶，1905年即光緒三十一年，陝西藩台樊增祥選派張季鸞等50名陝西籍學生到日本留學，他和三弟沈兼士因為不是陝西土著而沒能入選，便自費和這些人一同前往日本。「我們兄弟在日本九個月，因家庭經濟不寬裕，無力

---

[13] 陳長林：《齋名銜恨》，《深圳特區報》，2010年10月26日。
[14] 《林紓詩文選》，商務印書館，1933年，第327頁。
[15] 林紓：《畏廬續集》，引自《中國近代文論選》下冊，人民文學出版社，1959年，第496頁。

供應繼續求學，兼士考取了日本鐵道學校，留日攻讀，我則於一九○六年返國。回陝西住了一年，即遷返浙江吳興閒居。不久，到杭州做事，曾在杭州高等學校代過課，在幼級師範教過半年書，又在第一中學教過課。第一中學校長馬幼漁和我弟弟兼士在日本同學，都是章太炎先生的門下弟子。其時，兼士也已從日本返國，在嘉興教書。」

1913年2月，沈尹默在與北大校長何燏時（錫侯）、工科學長胡仁源（次珊）關係密切的浙江同鄉許炳堃的推薦下，來到北京任北大預科教員：

> 何燏時、胡仁源為什麼要請我到北大去呢？當時，太炎先生負重名，他的門生都已陸續從日本回國，由於我弟兼士是太炎門生，何、胡等以此推論我必然也是太炎門下。其實，我在日本九個月即回國，未從太炎先生受業，但何、胡並未明言此一道理，我當時也就無法否認，只好硬著頭皮，掛了太炎先生門生的招牌到北京去了。同去的有太炎先生門生朱希祖，他是應吳稚暉的邀請，到北京去參加教育部召開的關於注音字母的會議。

沈尹默來到北大的第一天，便會見了何燏時和文科教務長姚叔節。姚叔節安排沈尹默在預科講授中國歷史：「姚先生和我只會過這一次，以後就沒有見過面。」第二天，沈尹默見到胡仁源，胡仁源說：「我們已經曉得你來了。昨天浮筠對很多人說，現在好了，來了太炎先生的學生，三十歲，年紀輕。」

關於這番話，沈尹默的理解是：「言下之意，對北大的那些

老先生可以不理會了。『浮筠』是北大理科學長夏元瑮的別號，從胡仁源的這句話裡就可以意味到，北大在辛亥革命以後，新舊之爭已經開始了。」

事實上，沈尹默所謂的「新舊之爭」，只是章太炎一派門生故舊對於比他們更加年長也更加厚道的「桐城派」的「舊舊之爭」，其結果是更加具有戰鬥力的章太炎派系，取得了北京學界新一輪的主導權。

1914年8月19日，教育總長湯化龍簽發委任浙江鎮海縣籍前清舉人夏錫祺為北京大學校文科大學學長的飭令，章太炎一派門生故舊中的沈尹默、沈兼士、朱希祖、馬幼漁、錢玄同、馬敘倫、陳大齊、朱宗萊、周作人、黃侃、康寶忠、劉師培、劉文典等人彼此呼應，先後進入北大校園。此前在北大文科佔據主導地位的以孔子、孟子、韓愈、歐陽修、程顥、程頤、朱熹為道統偶像並且反對乾嘉以來漢學考據的桐城派，逐漸被擅長以漢學傳統從事考據訓詁的章門弟子所取代。

1914年9月27日，時任教育部僉事的魯迅在日記中寫道：「上午得沈尹默、堅士、錢中季、馬幼漁、朱遏先函招午飯於瑞記飯店，正午赴之，又有黃季剛、康性夫、曾不知字，共九人。」[16]

這裡提到的沈尹默、沈兼士、錢玄同（季中）、馬幼漁、朱希祖（遏先）、黃侃（季剛）、康心孚（性夫），都是章太炎的門生故舊。到了1917年11月5日，北大文科教授朱希祖，在日記中記載了章太炎一派對於桐城派的決定性勝利：「桐城姚君仲實、閩侯陳君石遺主散文，世所謂桐城派者也。今姚、陳二君已

16　《魯迅全集》第14卷，人民文學出版社，1981年，第108頁。

辭職矣。」[17]

關於這場黨同伐異的大致經過，沈尹默回憶說：

> 太炎先生的門下可分三派。一派是守舊派，代表人
> 是嫡傳弟子黃侃，這一派的特點是：凡舊皆以為然。第二
> 派是開新派，代表人是錢玄同、沈兼士，玄同自稱疑古
> 玄同，其意可知。第三派姑名之曰中間派，以馬裕藻為代
> 表，對其他二派依違兩可，都以為然。
>
> 雖然如此，但太炎先生門下大批湧進北大以後，對嚴
> 復手下的舊人則採取一致立場，認為那些老朽應當讓位，
> 大學堂的陣地應當由我們來佔領。我當時也是如此想的。

錢基博在《現代文學史》中，對於桐城派的姚永概、馬其
昶、林紓等人與章太炎一派黨同伐異的文壇爭鬥另有分析：「既
而民國興，章炳麟實為革命先覺，又能識別古書真偽，不如桐城
派學者之以空文號天下！於是章氏之學興，而林紓之學熸。紓、
其昶、永概鹹去大學，而章氏之徒代之。」[18]

第三節　蔡元培與浙江鄉黨

關於「蔡元培長北大之來由」，沈尹默的《我和北大》一
文的說法是：「蓋出於沈步洲之策劃。」他為此提供了一段「據

---

[17] 朱偰：《五四運動前後的北京大學》，全國政協文史資料委員會編《文化史料》
第5輯，文史資料出版社，1983年，第162頁。
[18] 錢基博：《現代中國文學史》，引自陳以愛著《中國現代學術研究機構的興
起》，江西教育出版社，2002年，第6頁。

說」：

> 　　沈步洲為什麼要做此策劃呢？原來，沈和他的好友胡
> 仁源發生了矛盾。據說，胡平日語言尖刻，在開玩笑時，
> 得罪了沈步洲。沈也是一個睚眥必報的人，所以欲謀去胡
> 而後快，他就抬出蔡元培來，通過教育總長範源濂、次長
> 袁希濤向北洋政府推薦。蔡先生為海內外知名之士，沈抬
> 出蔡來長北大，當然振振有詞。北洋政府呢，對辦什麼大
> 學並不感興趣，但是大學之為物，外國都有的，中國也不
> 能沒有，且蔡元培這塊名流招牌也還是有用的，範源濂一
> 推薦，當局就首肯了。

　　事實上，任命蔡元培為北大校長的北洋政府大總統黎元洪，
以及他的前任袁世凱和繼任的馮國璋、徐世昌，對於創辦教育尤
其是現代化的高等教育，一直是相當重視的。著名教育家嚴修從
創辦「嚴氏家塾」到天津私立第一中學堂再到私立天津南開大
學，一直是在袁世凱、徐世昌等人大力扶持下進行的。黎元洪、
馮國璋也是包括南開大學在內的許多教育公益事業的資助者。
　　談到自己在蔡元培出任北大校長這一歷史性事件上所發揮的
作用，沈尹默回憶說：

> 　　那時我曾在北京醫科專門學校兼課，醫專的校長是湯
> 爾和。有一天，我到醫科學校上課，湯爾和對我說：「我
> 告訴你一件事。你看沈步洲這個人荒唐不荒唐，他要蔡先
> 生來當北京大學校長。你看北大還能辦嗎？內部亂糟糟，

簡直無從辦起。」我回答說：「你以為胡次山（仁源）在辦學校嗎？他是在敷衍，如果蔡先生來辦，我看沒有什麼不可以。」湯說：「呀！你的話和夏浮筠一樣，他也認為蔡先生可以來辦北大，既然你們都認為如此，那我明天就去和蔡先生講，要他同意來辦北大。」……果然，湯爾和去見蔡元培，極言北大之可辦。蔡先生之同意出長北大是否即由湯之一言，我不得而知。但總之，蔡先生在1917年1月就到北大來當校長了。

代理北京大學校長的胡仁源與教育部專門教育司的司長沈步洲，都是蔡元培在上海南洋公學任教時的優等生。胡仁源曾經留學日本，沈步洲曾經赴英國留學並且獲得伯明罕大學碩士學位。夏浮筠（元瑮）是著名歷史學家夏曾佑的兒子，辛亥革命前與蔡元培一起在德國留學，是最早把愛因斯坦相對論介紹到中國的物理學家。

關於自己出任北大校長的前後經歷，蔡元培在1917年1月18日致吳稚暉信中寫道：「弟前以北京大學問題，商於先生，先生謂中國事，云不可辦，則幾無一事可辦；云可辦，則其實亦無不可辦云云。弟到京後，與靜生、步洲等討論數次，覺北京大學雖聲名狼藉，然改良之策，亦未嘗不可一試，故允為擔任，業於一月四日到校，九日開學。雖一切維持現狀，然改革之計畫，亦擬次第著手。」[19]

十多年後，蔡元培又在《我在北京大學的經歷》中回憶說：

---

[19] 高叔平編著：《蔡元培年譜》第1卷，人民教育出版社，1998年，第5頁。靜生就是當時的教育總長範源濂。

我到京後，先訪醫專校長湯爾和君，問北大情形。他說：「文科預科的情形，可問沈尹默君；理工科的情形，可問夏浮筠君。」湯君又說：「文科學長如未定，可請陳仲甫君。陳君現改名獨秀，主編《新青年》雜誌，確可為青年的指導者。」因取《新青年》十餘本示我。我對於陳君，本來有一種不忘的印象，就是我與劉申叔君同在《警鐘日報》服務時，劉君語我：「有一種在蕪湖發行之白話報，發起的若干人，都因困苦及危險而散去了，陳仲甫一個人又支持了好幾個月。」現在聽湯君的話，又翻閱了《新青年》，決意聘他。從湯君處探知陳君寓在前門外一旅館，我即往訪，與之訂定；於是陳君來北大任文科學長，而夏君原任理科學長，沈君亦原任教授，一仍舊貫；乃相與商定整頓北大的辦法，次第執行。[20]

　　「劉申叔」就是早年的無政府社會主義者劉師培，他當年與蔡元培、陳獨秀（仲甫）、章士釗等人都是上海暗殺團成員，稱得上是生死之交。1916年即「民國五年冬」，前教育總長蔡元培在歐洲各國訪學，使用的是教育部的專項經費，教育部自然是有

---

[20] 蔡元培：《我在北京大學的經歷》，《東方雜誌》31卷第1號，1934年1月。另據蔡元培《在中國科學社公祝蔡元培七秩壽宴上的演說詞》中回憶：「我五十歲是在民國五年，當時在歐洲，得教育部電，囑我回國辦北大。因為我領用教部官費，不得不回，乃於六年春在北大任事。」（文載中國科學社《社友》雜誌第53期，1936年1月19日）蔡元培晚年在《自寫年譜》中又寫道：「民國五年，帝政取消，袁世凱死。范君靜生任教育部（總）長，電促我回國，任北京大學校長，我遂偕眷屬於冬間回國。到上海後，有多數友人，勸不可就職，說北大太腐敗了，恐整頓不了，反而把自己的名譽毀掉。也有少數勸駕的，說腐敗的總要有人整頓，不妨試一試。我從少數友人的勸，往北京。」1940年2月手稿，蔡元培：《黑暗與光明的消長》，東方出版社，1998年，第411頁。

權力召他回國的，教育部要蔡元培回國的主要理由，就是請他出任北京大學校長。沈尹默、湯爾和等人在這件事上，是幾乎沒有什麼建議權和發言權的。

按照沈尹默的說法，他此前並沒有與蔡元培見過面，「爾和對我談話以後大約第三天，我在譯學館上課（北大預科當時不在馬神廟，在北河沿譯學館舊址），忽然門房來通知我：『有一位蔡元培先生來看您。』我大吃一驚，一則是素昧平生，頗覺意外，二則是心中不免思索：社會上已哄傳蔡先生將任北京大學校長，蔡先生已是中年以上的人了，閱歷、世故應是很深，可這次不大世故，既然要看我，大可到我家裡去，何必到北大預科這個公開場所來呢。」

蔡元培出任北大校長，原本是正大光明的公共事件，沈尹默眼中卻只有暗箱操作的所謂「世故」，兩個人在人格境界方面的差異，由此便可一目了然。

正是基於所謂的「世故」，此前與蔡元培毫無淵源並且比蔡元培年輕15歲的沈尹默，為自己假想了一個高等謀士的角色：

蔡先生出任北大校長後，在我心中就有一個念頭，北京大學應當辦好，蔡先生負重名，我們應當幫助他把北大辦好。有一天，我去看蔡先生，和他作了一次長談。……

我說：「我建議您向政府提出三點要求：第一，北大經費要有保障；第二，北大的章程上規定教師組織評議會，而教育部始終不許成立。中國有句古話：百足之蟲，死而不僵，與其集大權於一身，不如把大權交給教授，教授治校，這樣，將來即使您走了，學校也不會亂。因此我

主張您力爭根據章程，成立評議會；第三，規定每隔一定
年限，派教員和學生到外國留學。」

　　我的建議，以成立評議會為最重要，蔡先生深以為
然，完全採納，向當局提出，果然達到了目的。

　　關於北大當務之急的改革方案，蔡元培本人在前述致吳稚暉
信中介紹說：「大約大學之所以不滿人意者，一在學課之凌雜，
二在風紀之敗壞。救第一弊，在延聘純粹之學問家，一面教授，
一面與學生共同研究，以改造大學為純粹研究學問之機關。救第
二弊，在延聘學生之模範人物，以整飭學風。」

　　蔡元培就任北大校長的頭等大事，是聘請像陳獨秀那樣的
「學生之模範人物」以整飭學風、聘請像劉師培那樣的「純粹之
學問家」一面授課一面與學生共同研究。比起「學課之凌雜」和
「風紀之敗壞」來，成立評議會對於蔡元培來說顯然不是「最重
要」的，也不需要蔡元培按照沈尹默的建議向教育部「力爭」。
因為蔡元培早在1912年出任中華民國首任教育總長時，就在親手
訂定的《大學令》中明確規定：「大學設評議會，以各科學長及
各科教授互選若干人為會員，大學校長……為議長」；「評議
會審議……（一）各學科之設置及廢止，（二）講座之種類，
（三）大學內部規則，（四）審查大學院生成績及請授學位者之
合格與否，（五）教育總長及大學校長諮詢事件。」[21]

　　1915年11月，在代理校長胡仁源主持下，北京大學已經成立
評議會，並且把當選會員的履歷報請教育部予以備案。1917年6

---

[21]　《蔡元培全集》第2卷，中華書局，1984年，第284-285頁。

月的《教育公報》中，另有教育部《指令北京大學該校評議會簡單及會員履歷準備案文「第二百四十七號六年四月十一日」》，其中所附錄的北大呈文寫道：「本校評議會曾於民國四年十一月間選舉會員詳報鈞部在案。第事隔現年，已逾改選之期。而舊選各員且有離校者，欲實行集會，不得不改選一次。業於本年三月十七日，依法改選十人為會員，理合造具各該員履歷清冊及評議會簡章各一分送呈鈞部備案……」[22]

該項呈文附錄的大學評議員履歷依次為：文科評議員陳漢章、馬敘倫。理科評議員俞同奎、秦汾。法商科評議員陳介、陶履恭。工科評議員溫宗禹、孫瑞林。預科評議員張星烺、張善揚。其中並沒有沈尹默的名字。沈尹默與胡適、陳大齊、馬寅初、沈士遠等人當選下一輪的評議員，是1918年10月的事情。

特別值得一提的是，關於蔡元培回國任北大校長和陳獨秀出任文科學長之事，與沈尹默同為「某籍某系」即浙江籍北京大學國文系教授的馬敘倫，在寫作於1947年的回憶錄《我在六十歲以前》中，已經有過類似的有著明顯編造之嫌疑的故事情節：

> 一天，我的那位陳老師，說起國會裡許多浙江同鄉（陳老師這時做眾議院議員），想叫蔡鶴卿（蔡元培的別字後來改做子民）回來做浙江省長（這時蔡先生在德國），打了電報去，他回電說，回來是可以的，但不願做官。我就和湯爾和說，北京大學的校長胡仁源有點做不下去，何妨把蔡先生請回來替代他。湯爾和說，這是很好

---

22 王學珍、郭建榮主編《北京大學史料》第2卷上冊，北京大學出版社，2000年，第132-133頁。

的，但是蔡先生不是辦事之才，你可以幫助他？我說，人家恭恭敬敬把我請得去，完全不拿「僚屬」看待我，我現在怎樣可以就說辭職？但是我有辦法，我們只須把北大內部佈置好了，就不使蔡先生為難，以後更無問題了。我想找陳仲甫（就是陳獨秀）來做文學院長，是很適當的，理學院長讓夏元瑮擔任，聲望夠的（他是夏曾佑先生的兒子，德國留學生，本是北大的教授，研究相對論），法學院長仍舊不動吧，另外請沈尹默在實際上幫忙。湯爾和連聲說好。第二日，他就去和教育總長範源濂說了，范先生正找不到北大校長，開心得了不得，一面打電報請蔡先生回來，一面便向總統黎元洪說明，自然絕無問題的發表了。[23]

馬敘倫字夷初，他的「陳老師」就是歷史學家陳黼宸字介石。馬敘倫、湯爾和都是陳介石在杭州養正書塾任教時的弟子。

按照馬敘倫的說法，他當時的職務是浙江省的財政廳長秘書，廳長莫永貞帶著他到北京參加財政會議期間，他與湯爾和直接促成了蔡元培的回國任職。

浙江鄉黨打電報請蔡元培回國做浙江省長，屬於重大歷史事件；但是，無論是當年的報刊還是蔡元培本人都沒有提到過這件事情。現在能夠看到的文獻記載，是已經就任北大校長的蔡元培，於1917年1月6日被浙江公民大會推舉為請願代表，要求北京當局收回楊善德任浙江總督、齊耀珊任浙江省長的命令。

---

[23] 馬敘倫：《我在六十歲以前》，嶽麓書社，1998年，第35頁。

前面已經談到，蔡元培出任北大校長，是教育部要他回國之前已經明確的一件事情，馬敘倫、湯爾和、沈尹默這些人，是不具備相關建議權的。以陳獨秀任性由己、桀驁不馴的倔傲性格，也不是馬敘倫想「找來做文學院長」就能夠找得來的。當年的北京大學也沒有所謂的「文學院長」，蔡元培邀請陳獨秀出任的是文科學長。馬敘倫回憶錄《我在六十歲以前》的半真半假難以採信，由此可知。

　　按照沈尹默的說法，陳獨秀進入北大，是他給蔡元培建議的結果：

　　　　1917年，蔡先生來北大後，有一天，我從琉璃廠經過，忽遇陳獨秀，故友重逢，大喜。我問他：「什麼時候來的？」他說：「我在上海辦《新青年》雜誌，又和亞東圖書館汪原放合編一部辭典，到北京募款來的。」我問了他住的旅館地址後，要他暫時不要返滬，過天去拜訪。我回北大，即告訴蔡先生，陳獨秀到北京來了，並向蔡推薦陳獨秀任北大文科學長。

　　查勘相關的文獻資料，陳獨秀和汪孟鄒於1916年11月26日從上海出發前往北京，此行的目的是為上海亞東圖書館與群益書社聯合從事文化出版事業集股籌資。同年12月23日，蔡元培從上海出發抵達北京，入住他的連襟、教育部秘書陳任中（號仲騫、耐廬）家裡。12月26日，黎元洪頒佈由國務總理段祺瑞、教育總長範源濂副署的大總統令，正式任命蔡元培為北京大學校長。蔡元培於同一天親赴前門外西河沿的中西旅館拜訪陳獨秀。與陳獨秀

在一起的不是沈尹默所說的汪原放，而是他的叔叔汪孟鄒。

1917年1月4日，蔡元培到北大上任，他著手處理的第一件大事就是呈請教育部任命陳獨秀為文科學長。1月6日，錢玄同在日記中寫道：「十時至大學，子民先生問對於文字學教授之意見，……陳獨秀已任文科學長，足慶得人。……陳君不久將往上海專辦《新青年》雜誌及經營群益書社事業，至多不過擔任三月，頗聞陳君之後蔡君擬自兼文科學長，此亦可慰之事。」[24]

僅僅從時間先後上加以推敲，沈尹默的上述回憶就不能成立。到了1919年3月26日晚上，恰恰就是高調宣稱有功於蔡元培、陳獨秀進入北大的沈尹默（君默）、馬敘倫（夷初），聯合浙江同鄉、北京醫學專門學校校長湯爾和，共同充當了促使蔡元培免除陳獨秀文科學長的幕後推手。

有趣的是，無論是馬敘倫的《我在六十歲以前》還是沈尹默的《我和北大》，都對子虛烏有的推薦蔡元培、陳獨秀到北大任職高調炫耀，對於他們自己積極參與排擠陳獨秀離開北大的暗箱陰謀，卻避而不談。

第四節　「某籍某系」的「黨同伐異」

單就沈尹默來說，他的《我和北大》一文中最能夠體現其精神面貌和思想境界的，是關於「某籍某系」的自供狀：

> 蔡先生的書生氣很重，一生受人包圍，民元教育部

時代受商務印書館張元濟（菊生）等人包圍（這是因為商務印書館出版教科書，得教育部批准，規定各學校通用，就此大發財）；到北大初期受我們包圍（我們，包括馬幼漁、叔平兄弟，周樹人、作人兄弟，沈尹默、兼士兄弟，錢玄同，劉半農等，亦即魯迅先生作品中引所謂正人君子口中的某籍某系）；以後直至中央研究院時代，受胡適之、傅斯年等人包圍，死而後已。胡、傅諸人後來和我勢同水火，我南遷後，蔡先生時在京滬間，但我每次擬去看蔡先生，均不果，即胡、傅等人包圍蔡所致。

需要指明的是，沈尹默所謂「某籍某系」在北大初期包圍依附於同鄉校長蔡元培，基本上屬於真實情況。究其原因，是「某籍某系」的多數人，只有在日本短暫留學的經歷，他們混跡於政學兩界的主要本錢，是在日本跟隨章太炎學習傳統國故期間積累的鄉黨門派之人脈，而不是自己所學掌握到的學科知識和先進學理。商務印書館張元濟等人與蔡元培之間，雖然不排除志趣相投的朋友情誼，總體上屬於甲乙雙方契約平等、雙向合作的商務往來。蔡元培出任教育總長之前，主要是依賴商務印書館預支的版稅收入維持在德國的留學生涯的；蔡元培出任教育總長尤其是北大校長之後，與商務印書館合作出版的大多是沒有市場銷量的學術叢書。中央研究院時代與蔡元培關係密切的胡適、傅斯年、丁文江、蔣夢麟、朱家驊、王世杰、李四光等人，大多是在英美各國學有所成並且富於公共關懷的學界名人，他們是蔡元培主持全國學術教育事業的較為得力的協助者，而不是追逐名利的包圍依附者。

公開談到所謂「某籍某系」的最早文字，是1925年5月30日刊登在《現代評論》週刊的「西瀅閒話」。

1925年5月7日，被許廣平等女學生驅逐出校的國立北京女子師範大學校長楊蔭榆，在臨時租用辦公的西安飯店召集評議會，決定開除學生自治會職員蒲振聲、張平江、鄭德音、劉和珍、許廣平、姜伯諦的學籍。5月27日，由魯迅撰稿，並由魯迅以周樹人本名與馬裕藻、沈尹默、李泰棻、錢玄同、沈兼士、周作人共同簽署的《對於北京女子師範大學風潮的宣言》在《京報》發表。這一天恰好是星期三，是北京大學英文系教授陳源以西瀅署名寫作「閒話」的日子。於是，在5月30日出版的《現代評論》「閒話」欄中，出現了這樣一段話：

> 閒話正要付印的時候，我們在報紙上看見女師大七教員的宣言。以前我們常常聽說女師大的風潮，有在北京教育界占最大勢力的某籍某系的人在暗中鼓動，可是我們總不敢相信。這個宣言語氣措辭，我們看來，未免過於偏袒一方，不大公允，看文中最精彩的幾句就知道了。……這是很可惜的。我們自然還是不信我們平素所很尊敬的人會暗中挑剔風潮，但是這篇宣言一出，免不了流言更加傳佈得屬害了。

針對陳源的「閒話」，魯迅當天寫出反駁文章《並非閒話》，其中有這樣一段話：「凡事無論大小，只要和自己有些相干，便不免格外警覺。即如這一回女子師範大學的風潮，我因為在那裡擔任一點鐘功課，也就感到震動，而且就發了幾句感

慨，……」[25]

魯迅與女師大的「相干」程度，並不限於「擔任一點鐘功課」。在此之前的5月27日，已經加入國民黨的許廣平在寫給魯迅的情書中明確認領了七人「宣言」的人情債務：「今日──廿七──見報上發表的宣言，『站出來說話的人』已有了，而且七個之多。……誠恐熱心的師長，又多一件麻煩，思之一喜一懼。」[26]

6月1日，《並非閒話》在孫伏園編輯的《京報副刊》公開發表。6月2日，魯迅寫作《我的「籍」和「系」》，三天之後發表在他自己編輯的《莽原》週刊第七期。在這篇文章裡，從《新青年》時代一直維持隱身化名的匿名寫作的魯迅即教育部僉事周樹人，第一次公開了自己的「籍」和「系」：

> 因為應付某國某君的囑託，我正寫了一點自己的履歷，第一句是「我於一八八一年生在浙江省紹興府城裡一家姓周的家裡」，這裡就說明了我的「籍」。但自從到了「可惜」的地位之後，我便又在末尾添上一句道，「近幾年我又兼做北京大學，師範大學，女子師範大學的國文系講師」，這大概就是我的「系」了。我真不料我竟成了這樣的一個「系」。

關於歸屬於「某籍某系」的自己與陳源及「現代評論派」之間的關係，魯迅是採用「黨同伐異」來加以定性的。

---

[25] 魯迅：《並非閒話》，《魯迅全集》第三卷，人民文學出版社，1981年，第75頁。
[26] 《兩地書》原信二十三，《兩地書全編》，浙江文藝出版社，1998年，第450頁。

魯迅第一次公開談論「黨同伐異」，是1918年11月刊登於《新青年》五卷五號的《隨感錄三十八》，其中寫道：

> 　　中國人向來有點自大。──只可惜沒有「個人的自大」，都是「合群的愛國的自大」。這便是文化競爭失敗之後，不能再見振拔改進的原因。……「合群的自大」，「愛國的自大」，是黨同伐異，是對少數的天才宣戰；──至於對別國文明宣戰，卻尚在其次。他們自己毫無特別才能，可以誇示於人，所以把這國拿來做個影子；他們把國裡的習慣制度抬得很高，讚美的了不得；他們的國粹，既然這樣有榮光，他們自然也有榮光了！[27]

　　《新青年》時代把「黨同伐異」的「合群的愛國的自大」，明確認定為中國社會「文化競爭失敗之後，不能再見振拔改進的原因」的魯迅，到了1925年的女師大風潮中，卻出爾反爾地選擇了「黨同伐異」。

　　1925年9月19日，因為參加女師大校務維持會而被教育總長章士釗明令免職的魯迅，在《並非閒話（二）》中公開表示：「人自以為『公平』的時候，就已經有些醉意了。世間都以『黨同伐異』為非，可是誰也不做『黨異伐同』的事。」

　　同年12月29日，魯迅在《論「費厄潑賴」應該緩行》中寫道：「土紳士或洋紳士們不是常常說，中國自有特別國情，外國的平等自由等等，不能適用麼？我以為這『費厄潑賴』也是其

27　《魯迅全集》第1卷，人民文學出版社，1981年，第311頁。

一。……倘有人要普遍施行『費厄潑賴』精神，我以為至少須俟所謂『落水狗』者帶有人氣之後。……一言以蔽之：『黨同伐異』而已矣。」

兩天後的12月31日，魯迅又在《華蓋集·題記》中寫道：「我今年開手作雜感時，就碰了兩個大釘子：一是為了《咬文嚼字》，一是為了《青年必讀書》。署名和匿名的豪傑之士的罵信，收了一大捆，至今還塞在書架下。此後又突然遇見了一些所謂學者，文士，正人，君子等等，據說都是講公話，談公理，而且深不以『黨同伐異』為然的。可惜我和他們太不同了，所以也就被他們伐了幾下，──但這自然是為『公理』之故，和我的『黨同伐異』不同。這樣，一直到現下還沒有完結，只好『以待來年』。」

陳源所說的「某藉某系」其實是一個模糊概念，並不侷限於魯迅所說的浙江籍和相關大學的國文系，在某種程度上是指以河北籍國民黨元老李石曾為首領、以浙江籍北大教員為骨幹的法日派。當年的魯迅與包括兄弟失和的周作人在內的大多數北京學界的浙江鄉黨，明確選擇的是站在國民黨內部有「法日派」之稱的李石曾、吳稚暉、易培基、顧孟餘、陳啟修等人一邊展開黨同伐異的政治立場。魯迅所愛戀的女師大學生領袖許廣平，就是剛剛加入國民黨的一名女鬥士。

1926年1月13日，教育總長易培基接受魯迅、許壽裳、陳啟修、馬幼漁等14人的聯名提議，到女師大兼任校長之職。在由許壽裳主持的女師大校長歡迎會上，魯迅和許廣平分別代表校務維持會和學生自治會致歡迎詞。自稱「黨同伐異」的魯迅對於易培基讚美有加：

歡迎校長，原是極平常的事，但是，以校務維持會歡迎校長，卻是不常有的。回憶本校被非法解散以來，在外有教育維持會，在內有校務維持會，共同維持者，計有半年。其間仍然開學，上課，以至恢復校址。本會一面維持，一面也無時不忘記恢復，並且希望有新校長到校，得以將這重大的責任交出。現在政府居然明令恢復，而且依了大家的公意，任命本校的教育維持會正主席易先生為校長了。易先生的學問，道德，尤其是主持公道，同惡勢力奮鬥的勇氣，是本會同人素來所欽佩的。[28]

　　作為回報，教育總長易培基於1月16日為被前任教育總長章士釗明令免職的魯迅簽署了複職令：茲派周樹人暫署本部僉事，在秘書處辦事。

　　1926年3月18日，北京各界民眾在國共兩黨的組織領導下到天安門廣場集會，會後結隊赴段祺瑞執政府請願。執政府衛隊突然開槍射擊，並用大刀鐵棍追殺請願者，造成死47人、傷150多人的重大慘案。當天晚上，段祺瑞執政府發出通緝令，撇開在北京城區佔據明顯優勢的國民黨不論，把發生慘案的罪責避重就輕地推卸給一直從事地下活動的中國共產黨：

　　近年以來，徐謙、李大釗、李煜瀛、易培基、顧兆熊等，假借共產黨說，嘯聚群眾，屢肇事端。本日由徐謙以共產黨執行委員會名義散佈傳單，率領暴徒數百人，闖襲

---

[28] 《魯迅年譜》第2卷，人民文學出版社，1983年，第274頁。

國務院，潑灌火油，投擲炸彈，手執木棍，襲擊軍警。各
軍警因正當防禦，以致互有死傷。……徐謙等著京外一體
嚴拿，盡法懲辦。[29]

　　受到通緝的易培基，與李石曾（煜瀛）、吳稚暉等人一起躲
到東交民巷使館區的六國飯店，繼續操控女師大和故宮博物院的
重大事項。1927年4月，易培基南下上海並於同年9月就任勞動大
學校長。

　　1927年10月3日，已經同居的魯迅、許廣平從廣州來到上
海，通過易培基（寅村）的湖南老鄉、時任勞動大學附屬中學負
責人的李式相，與易培基恢復聯繫，意圖在新一輪的「黨同伐
異」中實現合作。10月25日，魯迅在李式相陪同下來到勞動大學
演講《關於知識階級》，他在開場白中介紹說：「這次易先生要
我來講幾句話；因為我去年親見易先生在北京和軍閥官僚怎樣奮
鬥，而且我也參與其間，所以他要我來，我是不得不來的。」[30]

　　值得注意的是，有「某籍某系」之稱的浙江鄉黨從事黨同
伐異的主攻對象，並不是段祺瑞執政府以及至少在表面上支持段
政府的馮玉祥國民軍；而是沒有軍政實權的教育總長章士釗、女
師大校長楊蔭榆，以及在《現代評論》週刊發表相對獨立的理性
言論的國民黨英美派人士王世杰、周鯁生、陳源、唐有壬、丁西
林、李四光、高一涵、陳翰笙、高仁山等人。與這些國民黨英美
派人士關係密切的胡適、徐志摩、凌叔華、顧頡剛等人，也被不
同程度地牽涉其中。其中的高一涵是陳獨秀、李大釗發展的國民

---

[29]　《政府公報》命令，1926年3月20日第3570號。
[30]　《魯迅全集》第8卷，第187頁。

黨員和中共祕密黨員，陳翰笙、高仁山是由李大釗、於樹德和蘇聯大使加拉罕祕密發展的國民黨員兼共產國際情報人員。

關於魯迅當年欺軟怕硬的選擇性罵人，涵廬即高一涵於1926年2月21日發表在《現代評論》第4卷第89期的《閒話》中評論說：「我二十四分的希望一般文人收起互罵的法寶……萬一罵溜了嘴，不能收束，正可以同那實在可罵而又實在不敢罵的人們，鬥鬥法寶，就是到天橋走走，似乎也還值得些！否則既不敢到天橋去，又不敢不罵人，所以專將法寶在無槍階級的頭上亂祭，那末，罵人誠然是罵人，卻是高傲也難乎其為高傲罷。」[31]

第五節　胡適與蔡元培的良性合作

1923年1月，蔡元培為抗議前國會議員、教育總長彭允彝在羅文幹一案中的黨同伐異、假公濟私而憤然離職，直到1926年2月3日才應北京政府的要求從歐洲回到上海。在此期間，「某籍某系」的沈尹默等人，把他們的「包圍」對象由蔡元培轉換成為另一位國民黨元老李石曾。

1927年2月，顧頡剛在日記中寫道：「兼士先生與我相處三年，而處處疑忌我為胡適之派，我反對伏園、川島全是為公，而彼對人揚言，以為是黨爭。可見他之拉我，非能知我，乃徒思用我耳。」[32]

到了1950年，顧頡剛進一步回憶說：

---

[31] 《魯迅全集》第4卷，第174頁，《我和〈語絲〉的始終》注解【11】。
[32] 顧潮編著《顧頡剛年譜》，中國社會科學出版社，1993年，第137頁。

蔡先生組織教授會，定出教授治校的辦法，因此教授就有了權。權之所在成了爭奪的目標，於是馬上分成英美派和法日派兩大系，用團體的力量做鬥爭的工作。……法日派的後臺乃是李石曾。……他當時辦有中法大學，又辦有孔德學校，適值北京政府積欠學校薪水，北大同人無法存活的時候，凡是接近他的人都要插在他的學校裡，所以他的勢力就逐漸大起來。他不搶北大，因為知道英美派人多，他搶到手也是麻煩；他專搶北京的各專科學校，搶的辦法就是把原來的校長罵倒，或利用學生要求「改大」，而後他介紹新校長給政府，這個學校就成他的了。最明顯的一個例，就是他利用魯迅、周作人在報上攻擊女師大校長楊蔭榆，而後他介紹易培基為該校校長。現在《魯迅全集》具在，請大家看看，楊蔭榆果有何種不可恕的劣跡。……當時北大有「三沈」、「二馬」之號，三沈是沈士遠、沈尹默、沈兼士兄弟；二馬是馬裕藻、馬衡兄弟。他們是法日派的中堅，魯迅、周作人所以常寫罵人文章就是由他們去刺激的。其中沈尹默尤能策劃，所以他的綽號是「鬼谷子」。……因為他能策劃，所以李石曾特別器重他，托他主持孔德學校，後來又主持中法庚款。[33]

　　與顧頡剛的一面之辭相印證，周作人在《知堂回想錄》中回憶說：

---

[33] 《顧頡剛自傳》之三「我怎樣厭倦了教育界」，《東方文化》1994年5月，總第3期。

沈尹默與馬幼漁很早就進了北大，還在蔡子民長北大之前，所以資格較老，勢力也比較的大。實際上兩個人有些不同，馬君年紀要大幾歲，人卻很是老實，容易發脾氣，沈君則更沉著有思慮，因此雖凡事退後，實在卻很起帶頭作用。朋友們送他一個徽號叫「鬼谷子」，他也便欣然承受，……但就是不這樣說，人家也總是覺得北大的中國文學系裡是浙江人專權，因為沈是吳興人，馬是寧波人，所以「某籍某系」的謠言，雖是「查無實據」，卻也是「事出有因」……（我）在某系中只可算得是個幫閒罷了，又因為沒有力量辦事，有許多事情都沒有能夠參加，如溥儀出宮以後，清查故宮的時候，我也沒有與聞，其實以前平民不能進去的宮禁情形我倒是願得一見的。[34]

從1926年起，由法國政府退還的庚子賠款所設立的中法實業銀行，每年撥出美金20萬元辦理中法教育及慈善事業，由中、法兩國代表組設「中法教育基金委員會」，負責保管和分配此款。中方代表為李石曾、沈尹默、易培基、劉錫昌、蕭瑜、蕭文熙；法方代表為魏爾敦、巴爾、韓德威。1932年「九一八」事變後，沈尹默先送家人南下，然後辭去北平大學校長和孔德學校董事長的職務，移居上海環龍路，任中法文化交換出版委員會主任兼孔德圖書館館長。他遺留的孔德學校董事長一職，由他認為「宏通」、「明白」的老友周作人接任。[35]

---

[34] 周作人著《知堂回想錄》下卷，河北教育出版社，2002年，第415-468頁。
[35] 江紹原1933年1月13日致周作人信，《周作人早年佚簡箋注》，四川文藝出版社，1992年，第436頁。

與「某籍某系」的沈尹默等人不同，胡適、傅斯年、丁文江、蔣夢麟等人作為學有所成且獨當一面的英美留學生，與蔡元培之間從來不存在沈尹默所謂「包圍」與被「包圍」的人身依附關係，而是凡事從全社會的學術教育事業出發的良性合作關係。

　　1929年12月4日，在批准蔣夢麟辭去教育部長職務的同時，國民政府曾任命高魯為教育部部長。此舉遭到國民黨元老、立法院長胡漢民（展堂）的極力反對，國民黨總裁兼行政院長蔣介石在無法平衡派系鬥爭的情況下，只好暫時兼任教育部長，並且任命李書華、陳布雷為教育部次長。陳布雷在回憶錄中，以相對中立的第三方眼光評價了蔡元培、蔣夢麟、胡適、王世杰、朱家驊一派與李石曾、易培基、沈尹默一派的優劣是非：

　　　　接行政院秘書長電囑，即赴京一行。餘不明其故，即夜附車往，既至則知蔣公自兼教育部長，而欲調餘入教部相助也。教部之改組，由於李（石曾）、蔡（孑民）兩系之齟齬，石曾先生方面常視蔣夢麟為蔡所提挈之人，不但對蔡不滿，且對於現代評論派之人物亦不滿，而諡之曰吉祥（胡同名）系。然石曾先生所汲引之人如易培基（勞動大學）、褚民誼（中法大學工學院）、鄭毓秀（上海法政學院）及蕭瑽（中法大學）、譚熙鴻等，在平、滬等處辦學成績極不佳，且常蔑視教部法令，教部屢欲裁抑之，石曾先生以為難堪，主張去蔣夢麟甚力。吳老于李、蔡均友善，而尤同情於李，乃提議以高魯（天文學者）代夢麟為教長。將通過矣，而胡展堂先生反對甚力，即席聲言「高魯何如人，乃可托以教育行政之責任，豈不羞天下

之士！」蔣公不得已，乃請於高魯未到任以前，由蔣公以
行政院長之名義自兼教育部長，而以李書華（潤章）為政
務次長。潤章則石曾先生所提攜之人物，而在李氏系統中
為最純謹公正之人物也。蔣公既自兼部長，因欲以余任次
長，……且命之曰：「教育為革命建國計，凡事當請教於
吳、李、蔡諸先生，然必勿墮入派別之見。總之，不可拂
李、蔡諸公之意，亦不可一味順從李、蔡之意見。」[36]

　　關於自己出任北京大學校長以來與北大教授胡適之間有始有
終的良性合作，蔡元培的《我在北京大學的經歷》一文中曾經有
過專門評價：「那時候因《新青年》上文學革命的鼓吹，而我得
認識留美的胡適之君。他回國後，即請到北大任教授。胡君真是
『舊學邃密』而且『新知深沉』的一個人，所以，一方面與沈尹
默兼士兄弟、錢玄同、馬幼漁、劉半農諸君以新方法整理國故，
一方面整理英文系。因胡君之介紹而請到的好教員，頗不少。」[37]
　　中央研究院時期的蔡元培確實有過被人「包圍」利用的經
歷，但是，「包圍」蔡元培的並不是胡適和傅斯年，而是另有
其人。1933年3月4日，周作人在致江紹原信中寫道：「蔡胡分
家竟如尊料，大有意思，蔡公此刻蓋在3rd Party手中，牽而往
『東』，面南立，而胡公則仍『獨立』也。觀蔡公近數年『言
行』，深感到所謂晚節之不易保守，即如『魯』公之高升為普羅
首領，近又聞將刊行情書集，則幾乎喪失理性矣。」[38]

---

[36] 《陳布雷回憶錄》，臺北傳記文學出版社，1987年，第80頁。
[37] 蔡元培：《我在北京大學的經歷》，《東方雜誌》第31卷第1號，1934年1月。
[38] 《周作人早年佚簡箋注》，第273頁。

周作人筆下的「蔡胡分家」是化公為私的狹隘稱謂，事實上是民權保障同盟上海總會的宋慶齡、楊杏佛、胡愈之、魯迅等人，極力主張開除胡適，處於被「包圍」狀態的蔡元培，只是以消極態度順從了多數人的意見。「魯公」即魯迅。「3rd Party」即第三黨，其正式名稱是中國國民黨臨時行動委員會，1927年11月1日由鄧演達、宋慶齡、陳友仁在莫斯科發起。既是中央研究院總幹事又是中國民權保障同盟總幹事的楊杏佛，是第三黨的祕密黨員。中國民權保障同盟真正的政治背景，並不是處於停滯狀態的第三黨，而是共產國際和中共地下黨組織。當時的宋慶齡已經成為共產國際的祕密成員。

1933年6月18日，楊杏佛遭受暗殺，中央研究院總幹事一職隨後由胡適最為要好的朋友、地質學家丁文江繼任，實質性事務由歷史語言研究所所長傅斯年（孟真）協助處理，從而導致傅斯年積勞成疾。

1934年2月13日，蔡元培在日記中寫道：「自回滬後，連接孟真來函四通，其中主要之點：（一）述病狀；（二）辭所長職，薦濟之自代；（三）一年中勉守四個月假期之限；（四）整理舊稿或以其他方法抵還多支之薪水。此君硜硜然以必信必果自勉，誠可敬可愛，然此時提出辭狀，於院有妨，特致函勸止之。」[39]

在當天寫給傅斯年的書信中，蔡元培挽留說：「兄本月五日函中，有願辭所長職而薦濟之自代之說，此說萬萬不可提出，提出則無異拆研究院之台。在君已聲明，如兄辭所長，則彼不就總

---

[39] 王世儒編《蔡元培日記》下冊，北京大學出版社，2010年，第371頁。

幹事職；元任已表示，如兄去，則彼亦隨而云；……總之，弟所欲勸兄者，目前以健身為第一義，萬不可多慮，一切都有水到渠成之機會……」[40]

到了1936年1月2日，胡適給五四運動前後與馬敘倫、沈尹默等人一起「包圍」利用蔡元培的湯爾和寫信，表現出的依然是以全社會的學術教育事業為第一目標的公共關懷：

> 我在國中的事業「為功為罪」，我完全負責。我從不曾利用過學生團體，也不曾利用過教職員團體，從不曾要學生因為我的主張而犧牲他們一點鐘的學業。我的罪孽決不在這一方。至於「打破枷鎖，吐棄國渣」，當然是我最大的功績，所惜者打破的尚不夠，吐棄的尚不夠耳。[41]

在民國時期的學界領袖當中，敢於以負責任態度嚴正宣告「我從不曾利用過學生團體」的，大概只有蔡元培、胡適、傅斯年、丁文江、梅貽琦、朱經農、王世杰等難能可貴的幾個人。沈尹默在《我和北大》中所說的「每次擬去看蔡先生，均不果，即胡、傅等人包圍蔡所致」，明顯屬於「欲加其罪，何患無辭」的「莫須有」。

查勘《蔡元培書信集》，他在1935年1月11日致張元濟信中寫道：「沈尹默兄，以字行，並無別號，現寓法租界環龍路九十號（不知其電話號碼）。明午飯局，因商量譯書由商務印行事，岫廬、拔可、伯誠、伯嘉諸兄均在座，弟亦作陪……」

---

[40] 《蔡元培書信集》下冊，浙江教育出版社，2000年，第1655頁。
[41] 《胡適往來書信選》中冊，第294-295頁。

1937年8月12日，蔡元培在致浙江省政府主席兼中央研究院總幹事朱家驊的書信中，再一次提到沈尹默：「徐君世達，於行政界曆著成績，曾由弟與尹默先生等迭為介紹，請以縣長用。頃聞孝豐縣長已辭職，正在物色繼任之人，如蒙擢用徐君，不勝同感。」[42]

　　一句「迭為介紹」，足以證明沈尹默與蔡元培之間一直保持著通暢無阻的聯絡管道。沈尹默在上海期間，胡適正在北平協助蔣夢麟經營整頓北京大學，抱病從公的傅斯年也沒有多餘的時間和精力與沈尹默周旋。胡適、傅斯年與蔡元培之間完全不存在以捍衛飯碗、追逐權勢為第一目標的「包圍」與被「包圍」關係，而是具有建設性的「以必信必果自勉」的良性合作關係。

　　1940年3月5日，在香港逃難的中華民國中央研究院院長蔡元培因病去世，享年73歲。同一天，中華民國駐美國大使胡適，正在佛羅裡達州羅林斯國際關係研究所講演《遠東和世界將來的和平》。3月6日下午，胡適從佛羅裡達的奧蘭多乘坐飛機返回華盛頓特區之後，才得知蔡元培去世的消息。他在當天日記中寫道：「與周鯁生兄談，同嗟歎蔡公是真能做領袖的。他自己的學問上的成績，思想上的地位，都不算高。但他能充分用人，他用的人的成績都可算是他的成績。」[43]

　　任教於耶魯大學的趙元任，於3月6日當天給胡適寫信，認為蔡元培「代表咱們所Stand for的一切的一切。現在一切的一切還沒有都上正規，他老人家又死了，真是使人不免憂傷！」[44]

---

[42] 《蔡元培書信集》下冊，第1761、2051頁。

[43] 曹伯言整理《胡適日記全編》第7卷，安徽教育出版社，2001年，第364頁。

[44] 耿雲志著《胡適年譜》修訂本，福建教育出版社，2012年，第234頁。

趙元任所說的「咱們所Stand for的一切的一切」，主要是指中央研究院院長蔡元培所代表的放眼看世界的一代中國學人，所堅持的學術獨立、思想自由的理想追求。胡適自己就是蔡元培所重用過的一個人，胡適在學問思想方面所取得的一部分的成績，是應該歸功於「真能做領袖」的蔡元培的。

　　到了1959年10月31日，時任中央研究院院長的晚年胡適，在與本院同事郭廷以、林致平的談話中，專門談到安徽鄉黨當年在北大校園裡遭受「某籍某系」排擠打壓的劣勢處境：「從前在北大時，人家把北大教授分作浙江派、安徽派，浙江的人才多，安徽只有陳獨秀和我。我是一向超出黨派的，所以我對他們說：只有狐狸是成群的。你看獅子、老虎，它們都是單獨出來的；要打仗，也都是單獨打仗的。我一向避免了黨派，從無成見的。」[45]

　　一向著眼於全社會的學術教育事業而不屑於拉幫結派、黨同伐異的胡適如此標榜和比擬自己，恰恰敗露了他並沒有擺正主體個人與社團群體及公民社會的複雜關係。人是比所有動物都更加具備個人主體性和社會創造性的精神生命體，必須在多層級、多元化的社會實體中充分健全和實現自己。當年的胡適之所以能夠在北大校園裡站穩腳跟，是與「某籍某系」當中並不熱衷於黨同伐異的蔡元培、錢玄同等少數人的幫助扶持分不開的。假如胡適當年不是以動物界的「獅子、老虎」那樣自許自戀，而是比「真能做領袖」的蔡元培更加充分地利用自己所擁有的社會地位和文化資源，把自己領悟到的「充分世界化」的「健全的個人主義」的價值觀念和文明常識，最大限度地普及給包括「某籍某系」在

---

[45] 胡頌平：《胡適之先生年譜長編初稿》第8冊，1959年10月31日，臺北聯經出版公司，1984年5月初版，第3012-3013頁。

內的盡可能多的中國人，他晚年也許不至於敗落到流亡海外的悲慘境地，整個中國社會也可能不會遭受那麼多的曲折磨難。

換言之，民國社會整體上還處於崇尚鬥爭的黨同伐異時代，不屑於黨同伐異的安徽籍北京大學教授胡適，與浙江籍北大校長蔡元培基於全社會的學術教育事業的良性合作，就顯得有些脫離時代、不合時宜。持續提倡「充分世界化」的「健全的個人主義」人生價值觀的胡適，恰恰在「充分」和「健全」方面表現得不夠強硬，每一次到了國家民族的危難關頭，他都沒有起到立異求同、引領時代的領導作用。

第二章
胡適的「不敢」與陳獨秀的「不容」[1]

　　從美國留學歸來的安徽小同鄉胡適，是在《新青年》主編、文科學長陳獨秀強力推薦下進入北京大學的。《新青年》轉型「復活」為具有全國性影響力的同人刊物，是在有四大「台柱」之稱的陳獨秀、胡適、錢玄同、劉半農的共同努力之下得以實現的。隨著陳獨秀離開北大並且把《新青年》回遷上海，胡適與陳獨秀在路徑選擇方面，漸行漸遠⋯⋯

第一節　陳獨秀與胡適的最初碰撞

　　1920年8月2日，陳獨秀在致胡適信中寫道：「我近來覺得中國人的思想，是萬國虛無主義——原有的老子學說印度空觀，歐洲形而上學及無政府主義——底總匯，世界無比，《新青年》以後應該對此病根下總攻擊。這攻擊老子學說及形而上學的司令，非請吾兄擔任不可。」[2]

---

[1]　本章節內容改寫自張耀杰著《北大教授與〈新青年〉》之第一章《一校一刊的政學傳奇》和第三章《胡適與陳獨秀的路徑歧異》，新星出版社，2014年6月。

[2]　陳獨秀致胡適，《胡適來往書信選》上冊，中華書局，1979年，第107頁。

桀驁不馴的陳獨秀，終其一生從來沒有把「司令」之類的頭銜奉送於人，胡適堪稱是僅有的特例。

　　1940年3月5日，比陳獨秀年長12歲、比胡適年長24歲的蔡元培病逝於香港，陳獨秀在悼念文章中，是把三個人相提並論的：

> 　　五四運動，是中國現代社會發展之必然產物，無論是功是罪，都不應該專歸到那幾個人；可是蔡先生、適之和我，乃是當時在思想言論上負主要責任的人，關於重大問題，時論既有疑義，適之不在國內，後死的我，不得不在此短文中順便申說一下，以告天下後世，以為蔡先生紀念！[3]

　　陳獨秀之所以如此推重小同鄉胡適，是因為他通過不打不相識的精神碰撞，從一開始便對胡適的真知灼見留下了深刻印象。

　　胡適（1891年12月17日－1962年2月24日），原名嗣穈，學名洪騂，字希疆，筆名胡適，字適之，1891年12月17日出生於上海東門外。他的父親胡傳原名祥蛟，字守珊，又字鐵花，號鈍夫，是安徽績溪上莊人。時任淞滬厘卡總巡。1892年，胡傳被臺灣巡撫邵友濂調任台南鹽務總局提調。1895年，日本佔據臺灣，胡傳在廈門病死，4歲的胡適隨母親返回安徽績溪，幼年就讀於家鄉私塾。1910年，在上海中國公學肄業的胡適到北京考取美國庚子賠款留學生，並於1915年進入哥倫比亞大學哲學系，師從約

---

[3]　陳獨秀：《蔡孑民先生逝世後感言——作於四川江津》，文載《中央日報》，1940年3月24日。見袁進編《學界泰斗——名人筆下的蔡元培，蔡元培筆下的名人》，東方出版中心，1999年，第39頁。

翰・杜威攻讀博士學位。1916年8月21日，留學美國的胡適在寫給陳獨秀的書信中批評說：「貴報三號登某君長律一首，附有記者按語，推為『希世之音』。……適所以不能已於言者，正以足下論文學已知古典主義之當廢，而獨嘖嘖稱譽此古典主義之詩，竊謂足下難免自相矛盾之誚矣。」[4]

「某君長律」，指的是《青年雜誌》1卷3號刊登的四川籍南社詩人謝無量的長篇古詩《寄會稽山人八十四韻》。陳獨秀在為這首詩加寫的「記者識」（即編者按）中表示說：「文學者。國民最高精神之表現也。國人此種精神委頓久矣。謝君此作。深文餘味。希世之音也。子雲相如而後。僅見斯篇。雖工部亦只有此工力無此佳麗。謝君自謂天下文章盡在蜀中。非誇矣。吾國人偉大精神。猶未喪失也歟。於此征之。」

「子雲相如」，指的是漢代辭賦作家揚雄和司馬相如。「工部」，是唐代大詩人杜甫的官職。同期刊物中另有陳獨秀的《現代歐洲文藝史譚》，開篇第一段是這樣寫的：

> 歐洲文藝思想之變遷。由古典主義（Classicalism），一變而為理想主義（Romanticism）。此在十八十九世紀之交，文學者反對模擬希臘羅馬古典文體，所取材者，中世之傳奇。以抒其理想耳。此蓋影響於十八世紀政治社會之革新黜古以崇今也。十九世紀之末，科學大興。宇宙人生之真相，日益暴露。所謂赤裸時代，所謂揭開假面時代，喧傳歐土自古相傳之舊道德、舊思想、舊制度一切破

4　胡適致陳獨秀，1916年8月21日。原載《新青年》2卷2號通信欄，1916年10月。

壞。文學藝術亦順此潮流由理想主義再變而為寫實主義（Realism），更進而為自然主義（Naturalism）。

這裡的理想主義（Romanticism），現在通譯為浪漫主義。寫實主義（Realism），現在通譯為現實主義。

陳獨秀一邊提倡他並沒有系統研究過的歐美「寫實主義」文學，一邊自相矛盾地吹捧謝無量毫無創新寫實意義的古典舊詩為「希世之音」，從而為胡適提倡以白話文替代文言文的「文學革命」，提供了單刀直入、一針見血的突破口：

> 年來觀察思慮所得，以為今日欲言文學革命，須從八事入手。八事者何？一曰，不用典。二曰，不用陳套語。三曰不講對仗。（文當廢駢，詩當廢律。）四曰，不避俗字俗語。（不嫌以白話作詩詞。）五曰，須講求文法之結構。此皆形式上之革命也。六曰，不作無病之呻吟。七曰，不摹仿古人，語語須有個我在。八曰，須言之有物。此皆精神上之革命也。

被抓住硬傷破綻的陳獨秀，只好在1916年10月5日的回信中，把「文學改革」的重任推卸移交給了胡適：

> 文學改革，為吾國目前切要之事。此非戲言，更非空言，如何如何？《青年》文藝欄意在改革文藝，而實無辦法。吾國無寫實詩文以為模範，譯西文又未能直接喚起國人寫實主義之觀念，此事務求足下賜以所作寫實文字，切

實作一改良文學論文，寄登《青年》，均所至盼。[5]

　　胡適第一次採用「文學革命」的概念，是1915年9月17日。畢業於威斯康辛大學的梅光迪，準備轉入哈佛大學追隨著名文學理論家白璧德（Irving Babitt）繼續深造，他暑假期間來到康奈爾大學所在的美國紐約州綺色佳（又譯伊薩卡）城區，與胡適、任叔永、梅光迪、唐擘黃、楊杏佛、朱經農、陳衡哲等人一起度夏。正在康奈爾大學就讀的胡適，即將前往位於華盛頓的哥倫比亞大學追隨杜威攻讀實驗主義哲學，他在為梅光迪送行的七言律詩中寫道：

　　　　神州文學久枯餒，
　　　　百年未有健者起。
　　　　新潮之來不可止，
　　　　文學革命其時矣！
　　　　吾輩勢不容坐視，
　　　　且複號召二三子。

　　胡適的倡議沒有得到留學美國的任叔永、梅光迪、唐擘黃、楊杏佛、朱經農、江亢虎等人的積極回應，反而遭到比較一致的批評否定，唯一表示同情的，是女留學生陳衡哲。在這種情況下，胡適一方面以身作則地嘗試寫作白話詩；另一方面又知難而退，在應陳獨秀邀請而寫作的《文學改良芻議》中，放棄了「文

---

[5]　陳獨秀致胡適，《胡適來往書信選》上冊，第5頁。

學革命」之概念。

　在《文學改良芻議》的「結論」中，胡適態度謙讓地表示說：「上述八事、乃吾年來研思此一大問題之結果。遠在異國、既無讀書之暇晷、又不得就國中先生長者質疑問難、其所主張容有矯枉過正之處。然此八事皆文學上根本問題、一一有研究之價值。故草成此論、以為海內外留心此問題者作一草案。謂之芻議、猶云未定草也。伏惟國人同志有以匡糾是正之。」

　《文學改良芻議》刊登於由《青年雜誌》改刊的《新青年》2卷5號。這期刊物的刊頭文章是陳獨秀自己的《再論孔教問題》，接下來是楊昌濟的《治生篇》和高一涵的《一九一七年預想之革命》。陳獨秀當時並沒有對《文學改良芻議》表現出高規格的禮遇，而是在以「獨秀識」落款的編者按語中遠距離表態說：

　　　余恒謂中國近代文學史、施曹價值、遠在歸姚之上。聞者咸大驚疑。今得胡君之論、竊喜所見不孤。白話文學、將為中國文學之正宗。余亦篤信而渴望之。吾生倘親見其成、則大幸也。元代文學美術、本蔚然可觀。余所最服膺者、為東籬。詞隽意遠。又複雄富。余嘗稱為「中國之沙克士比亞」。質之胡君、及讀者諸君以為然否。

　這裡所說的「施曹」，指的是《水滸傳》的作者施耐庵和《紅樓夢》的作者曹雪芹。「歸姚」指的是清代的安徽桐城派古文家歸有光、姚鼐。被陳獨秀奉為「中國的莎士比亞」的「東籬」，就是元代雜劇元曲作家馬致遠。原本採用「文學改革」概

念的陳獨秀，到了《新青年》2卷6號的刊頭文章《文學革命論》中，表現出對於《文學改良芻議》的高度肯定，旗幟鮮明地把胡適尊奉為「文學革命」第一人：

> 孔教問題，方喧呶於國中，此倫理道德革命之先聲也。文學革命之氣運，醞釀已非一日，其首舉義旗之急先鋒，則為吾友胡適。余甘冒全國學究之敵，高張「文化革命軍」大旗，以為吾友之聲援。旗上大書特書吾革命軍三大主義：曰，推倒雕琢的阿諛的貴族文學，建設平易的抒情的國民文學；曰，推倒陳腐的鋪張的古典文學，建設新鮮的立誠的寫實文學；曰，推倒迂晦的艱澀的山林文學，建設明瞭的通俗的社會文學。[6]

在這篇文章的結束語中，陳獨秀乾脆吶喊出黨同伐異、衝鋒陷陣的殺伐之音：「有不顧迂儒之毀譽，明目張膽以與十八妖魔宣戰者乎？予願拖四十二生的大炮，為之前驅！」

陳獨秀以孔學儒教為第一目標對象的「倫理道德革命」，在很大程度上就是陶孟和、高一涵、周作人等人隨後所說的「思想革命」。但是，「倫理道德革命」或「思想革命」本身並不具備可操作性，只有在胡適率先提倡以白話文替代文言文的「文學革命」之後，才找到了通過變換話語工具的方式引導公共話語、開啟新文化運動的路徑通道，從而為《新青年》雜誌開闢出真正可以劃時代的嶄新局面。

6　原載《新青年》2卷6號，1917年2月。見《獨秀文存》，安徽人民出版社，1987年，第95頁。

第二節　胡適的「不敢」與陳獨秀的「不容」

　　1917年2月，陳獨秀在《新青年》2卷6號通信欄刊登他與程演生、陳丹崖、錢玄同等人的一組來往通信，其中以錢玄同的來信最為著名：

　　　　頃見六號《新青年》胡適之先生《文學芻議》，極為佩服。其斥駢文不通之句，及主張白話體文學，說最精闢。公前疑其所謂文法之結構為講求Grammar，今知其為修辭學，當亦深以為然也。具此識力，而言改良文藝，其結果必佳良無疑。惟選學妖孽，桐城謬種，見此又不知若何咒罵。雖然，得此輩多咒罵一聲，便是價值增加一分也。

　　遠在美國的胡適收到1917年2月出版的2卷6號時，已經是4月9日。他於當天給陳獨秀寫信，基於自己在美國學習到的文明常識勸告說：

　　　　中惟錢玄同先生一書，乃已見第五號之文而作者，此後或尚有繼錢先生而討論適所主張八事及足下所主張之三大主義者。此事之是非，非一朝一夕所能定，亦非一二人所能定。甚願國中人士能平心靜氣與吾輩同力研究此問題！討論既熟，是非自明。吾輩已張革命之旗，雖不容退縮，然亦決不敢以吾輩所主張為必是而不容他人之匡正

也。[7]

　　陳獨秀在回信中斷然否決了胡適的文明態度：「改良文學之
聲，已起於國中，贊成反對者各居其半。鄙意容納異議，自由討
論，固為學術發達之原則；獨至改良中國文學，當以白話為文學
正宗之說，其是非甚明，必不容反對者有討論之餘地，必以吾輩
所主張者為絕對之是，而不容他人之匡正也。」

　　一個「決不敢以吾輩所主張為必是而不容他人之匡正」，一
個「必以吾輩所主張者為絕對之是，而不容他人之匡正」；胡適
與陳獨秀的精神面貌和文明境界之間的巨大落差，可想而知。

　　在中國傳統社會裡，白話文是包括不識字的底層民眾在內的
多數國民的日常話語，文言文是為數不多的讀書人為了抬高自己
的身份等級和特權待遇而專門使用的書面話語。無論是白話文還
是文言文，都是中國人幾千年來約定俗成的非物質文化遺產，不
是陳獨秀等人的私人財產。公共領域裡面諸如此類的重大事項，
應該在法律面前人人平等、程度正義優先於實體正義的制度框架
中，通過廣泛討論或投票公決，從微弱多數中選取相對合理或
相對正確的公共決策；而不應該像處置自己的私人財產那樣，
「不容他人之匡正」。進一步說，即使是99%的絕大多數中國人
選擇白話文，也不可以剝奪1%的少數個人自主選擇文言文的基
本權利。

　　提倡白話文的胡適和陳獨秀，當時使用的並不是白話文，
而是他們認為必須加以「改良」或「革命」的文言文。陳獨秀的

---

[7]　胡適致陳獨秀，《新青年》3卷3號，1917年5月。見《獨秀文存》，安徽人民出
　　版社，1987年，第689-690頁。

「必以吾輩所主張者為絕對之是,而不容他人之匡正也」,就是標準的文言句式。在這種情況下,他竟然一口咬定「以白話為文學正宗之說」是絕對正確的,就相當於他自己還在津津有味地大塊吃肉,卻自相矛盾地告訴別人吃素是正宗、吃肉害死人一樣,在學理上是無論如何都不能成立的。

從政府層面上說,一個國家或地區是可以有政府認定的官方語言和官方文字的。比如臺灣方面的官方語言是國語,大陸方面的官方語言是普通話;臺灣方面的官方文字是漢語繁體字,大陸方面的官方文字是漢語簡化字。胡適、陳獨秀、錢玄同這些人當時是大學教授而不是官府中人,他們是沒有權力認定什麼官方語言和正宗話語的。胡適、陳獨秀、錢玄同等人把白話文標榜為「正宗」的「活文學」,把文言文認定為非正宗的「死文學」的二元對立、單邊絕對,本身就是中國傳統的孔學儒教奉天承運、替天行道、神道設教、獨尊儒術、「存天理,去人欲」的專制思維之典型表現。

但是,在非理性的群眾心理方面,越是極端絕對的高調話語,越是能夠蠱惑人心、贏得信眾。像陳獨秀這樣唯我絕對的專斷話語,在第一時間便贏得了錢玄同、劉半農、周作人、沈尹默等人的積極回應。

1917年7月2日,錢玄同給胡適寫下第一封書信,其中表白說:「玄同對於用白話說理抒情,最贊成獨秀先生之說,亦以為『其是非甚明,必不容反對者有討論之餘地,必以吾輩所主張者為絕對之是,而不容他人之匡正』。此等調論,雖若過悍,然對於迂謬不化之選學妖孽與桐城謬種,實不能不以如此嚴厲面目加

之……」[8]

錢玄同的意思是說，以安徽桐城派為代表的堅持使用文言文寫作的舊派文人，要麼是「妖孽」，要麼是「謬種」，反正不是人，不具備反對白話文的基本人權。他在這裡所採用的，其實是中國傳統文人最為擅長的刀筆手法。

1925年7月1日，出生於浙江紹興師爺世家的魯迅在《補白》一文中，專門介紹了這種不把敵人一方當人對待的刀筆手法：「中國老例，凡要排斥異己的時候，常給對手起一個諢名，──或謂之『綽號』。這也是明清以來訟師的老手段；假如要控告張三李四，倘只說姓名，本很平常，現在卻道『六臂太歲張三』，『白額虎李四』，則先不問事蹟，縣官只見綽號，就覺得他們是惡棍了。……但這一種手段，我們在社會上是時常遇見的。」[9]

第三節　胡適理想中的同人刊物

1917年7月10日，從美國哥倫比亞大學博士畢業的胡適，與攻讀政治學的安徽同鄉張慰慈結伴回到上海，於9月10日抵達北京，就任北京大學文科教授，時年27歲，是當年最年輕的一名北大教授。他前兩個月工資是260元，上課之後很快便增加到280元，這是北大教授當年最高檔次的工資待遇。

由於《新青年》雜誌每期只能印刷發行1000本左右，上海群益書社不願意繼續賠錢維持下去。陳獨秀當上北大文科學長

---

[8]　錢玄同致胡適，《新青年》3卷6號，1917年8月。見沈永寶編《錢玄同五四時期言論集》，東方出版中心，1998年，第31-37頁。
[9]　《魯迅全集》第3集，人民文學出版社，1981年，第103頁。

之後，也不再看重每期200元的編輯撰稿費用。在這種情況下，《新青年》便陷入了困頓之中。

對於《新青年》的停頓最不甘心的，是與胡適幾乎同時來到北大的預科教授劉半農。劉半農與胡適一樣是27歲，他的文化程度是中學肄業，當時是在上海依靠言情小說為生的一名鴛鴦蝴蝶派成員，因為投稿支持胡適、陳獨秀提倡的白話文，被陳獨秀、蔡元培破格聘請到北大充當相當於高中教員的預科教授。1917年10月16日，劉半農給錢玄同寫信說，我們這些人剛剛開始提倡白話文，陳獨秀就不願意操辦《新青年》了，這樣做是說不過去的。我和你，加上陳獨秀、胡適四個人就像四根「臺柱」，我們應該再聯絡一些人把《新青年》撐起來並且辦下去。

在劉半農等人鼓動下，停頓四個月時間的《新青年》從1918年1月1日出版的4卷1號開始，「復活」成為由北大教授陳獨秀、胡適、錢玄同、劉半農、陶孟和、沈尹默輪流編輯的同人刊物。1918年底，陳獨秀、李大釗、高一涵等人又集資創辦了另一份同人刊物《每週評論》。

1935年9月3日，胡適在《中國新文學大系・建設理論集・導言》中，專門談到《新青年》雜誌直接啟動新文化運動的轉型「復活」：

> 民國七年一月《新青年》復活之後，我們決心做兩件事：一是不作古文，專用白話作文；一是翻譯西洋近代和現代的文學名著。那一年的六月裡，《新青年》出了一本「易卜生專號」，登出我和羅家倫先生合譯的《娜拉》全本劇本，和陶履恭先生譯的《國民之敵》劇本。這是我們

第一次介紹西洋近代一個最有力的文學家，所以我寫了一篇《易卜生主義》。在那篇文章裡，我借易卜生的話來介紹當時我們新青年社的一班人公同信仰的「健全的個人主義」。[10]

1919年6月29日，因為陳獨秀被捕入獄而出面接編《每週評論》的胡適，在該刊第28號發表一篇公益性質的廣告文字《歡迎我們的兄弟——〈星期評論〉》，在稱讚由戴季陶、沈玄廬、孫棣三主持創辦的國民黨報刊《星期評論》的同時，還把美國的《新共和》週報高懸為「全國輿論界」的模範榜樣：

> 美國前四年有一班政論家和思想家要想用一種「思想界的組織」來做改造輿論的事業，所以邀集一班同志，創辦一個《新共和國》（The New Republic）。這個週報初出版的時候只銷八百三十五份，不到兩年銷到幾十萬份。現在成為世界上一種最有勢力的雜誌。美國此次加入戰團，變更百年來的立國方針，人們都承認是這個雜誌的功勞！這個雜誌的編輯部每日相見，每週會議所發的議論，議定之後，把全部認可的議論作為「本社同人」的議論，不簽姓名，以表示這是一致的團體主張。因為這一班學者、政論家能這樣做「有組織的宣傳事業」，能採定一致的團體主張，肯犧牲最不經濟的「人自為戰」的笨法，所以他們

---

[10] 胡適：《中國新文學大系·建設理論集·導言》，上海良友圖書印刷公司，1935年10月，第23頁。見姜義華主編《胡適學術文集·新文學運動》，中華書局，1993年，第249-250頁。

能收絕大的功效。[11]

　　與《新共和》週報和《星期評論》相對照，胡適公開檢討了《新青年》同人的嚴重缺失：

　　　　《每週評論》雖然是有主張的報，但是我們的主張
　　是個人的主張，是幾個教書先生忙裡偷閒雜湊起來的主
　　張，從來不曾有一貫的團體主張。《星期評論》可就不同
　　了。……近年《新青年》雜誌提出文學改革的問題。對於
　　「國語文學」有一致的主張，故收效最大又最快。但是我
　　們有幾種主張是內部先就不能一致的，所以不但不能收
　　效，反惹起許多無謂的誤會，挑起許多本可沒有的阻力。
　　這是我們親身經驗的事實。

　　胡適所謂的「國語文學」，也就是通常所說的白話文。當年
的《新青年》同人團隊所能達成的唯一共識，就是採用白話文全
面取代文言文從事文藝創作和文字宣傳。《新青年》能夠從一份
普通刊物轉型復活為同人刊物，主要是從美國留學歸來的胡適，
運用充分世界化的國際性大視野積極引導的結果。由於當時的歷
史條件以及同人之間「從來不曾有一貫的團體主張」；胡適仿照
美國《新共和》週報經營《新青年》的辦刊夢想，在短暫輝煌之
後便迅速破滅。

11　胡適：《歡迎我們的兄弟》，原載1919年6月29日《每週評論》第28號，署名
　　「適」。見歐陽哲生編《胡適文集》第11冊，北京大學出版社，1998年，第
　　11-15頁。

第四節 《新青年》的短暫輝煌

1918年1月出版的《新青年》4卷1號並沒有採用左行橫迤的版式處理，而是在新式標點符號的使用方面實現了一些技術突破。錢玄同在1918年1月21日的日記中寫道：「至大學授課三小時。《新青年》四卷一號已寄到。居然按Jan.15之期出版，其中所用新式圈點居然印得很像樣子，可喜可喜。」[12]

關於《新青年》的版式處理，胡適在答覆朱我農來信時解釋說：「《新青年》用橫行，從前錢玄同先生也提議過。現以所以不曾實行者，因為這個究竟還是一個小節的問題。……我個人的意思，以為我們似乎應該練習直行文字的符讀句號，以便句讀直行的舊書。除了科學書與西洋歷史地理等書不能不用橫行，其餘的中文書報盡可用直行。」[13]

1918年10月5日，直接參與《新青年》出版發行的上海亞東圖書館老闆汪孟鄒，在致胡適信中重點介紹了《新青年》雜誌在版式革新方面所遭遇的技術困難：

> 《新青年》過期太久，煉亦深不以為然。但上海印業，商務、中華不願代印，其餘民友各家尚屬幼稚，對於《新青年》以好花頭太多，略較費事，均表示不願。目前是托華豐，尚不如前之民友。煉今日代群益向民友相商，子壽之意如可如期，決不惜費，奈民友竟一意拒絕，使人

---

[12] 《錢玄同日記》影印版第3卷，福建教育出版社2002年出版，第1654頁。
[13] 胡適、朱我農：《革新文學及改良文字》，《新青年》5卷2號，1918年8月。

悶悶，擬明日更至別印所接洽。[14]

1918年11月26日，錢玄同在寫給當時的其他五位《新青年》輪值編輯「獨秀、半農、適之、尹默、孟和」的書信中寫道：

> 上月獨秀兄提出《新青年》從六起改用橫行的話，我極端贊成。今見群益來信，說，「這麼一改，印刷工資的加多幾及一倍」；照此看來，大約改用橫行的辦法，一時或未必實行。我個人的意思，總希望慢慢的可以達到改橫行的目的。但事實上如實在辦不到，則直行的排列，我以為有應該改良的：就是把那本名符號的直線，同書名符號的曲線，移到字的左邊；留出右邊地位，專擺句讀的符號。……不知道諸兄以為對不對？請各發表意見。要多數通過，那就可以從第六第一號起實行。[15]

從這兩封書信當中，可以得到幾條關鍵資訊：

其一，與白話文寫作相配套的「新式圈點」印刷問題，在當時確實是擺在群益書社和《新青年》同人面前的一個技術性難題，同時又是《新青年》雜誌轉型「復活」的顯著標誌之一種。

其二，直到1918年11月26日，《新青年》編輯部的輪值編輯，依然是陳獨秀、錢玄同、劉半農、胡適、沈尹默、陶孟和六個人。

---

[14] 唐寶林、林茂生著《陳獨秀年譜》，上海人民出版社，1987年，第87頁。另見耿雲志主編《胡適遺稿及秘藏書信》影印版第27冊，黃山書社，1994年，第276頁。「煉」是汪孟鄒的自稱。

[15] 《錢玄同文集》第6卷，中國人民大學出版社，2000年，第127頁。

其三，上海群益書社老闆陳子沛、陳子壽兄弟在支持《新青年》雜誌的文學改良和版式革新方面，一直是不惜代價的。他們與陳獨秀等《新青年》撰稿人之間，並不是資本家與無產者之間的剝削與被剝削的階級鬥爭關係。

正是在上海群益書社與《新青年》編輯部的共同努力之下，《新青年》雜誌很快扭虧為盈，並且成就了自己的「金字招牌」。關於此事，汪孟鄒在1919年4月致胡適信中，留下了較為確鑿的文字記錄：「仲甫去職，已得他來訊。舊黨當然以為得勢，務望兄等繼續進行，奮身苦戰，不勝盼念之至。《新青年》四號起決就北京印訂，與子沛函亦已閱悉，子沛今日已函複矣。」[16]

這裡所說的「仲甫去職」，指的是1919年4月10日，《北京大學日刊》刊登《大學本科教務處成立紀事》，正式宣佈製造出嫖娼狎妓的道德醜聞的文科學長陳獨秀，被變相免職。

在落款時間為1919年4月23日的另一封書信中，汪孟鄒寫道：

> 閱《新申報》，知《新中國雜誌》將要出版，甚以為喜。敝館願任上海總經理之事，不識可否？條件如何？請速函達。如以為可，請將敝館刊入末頁，以便買客周知為荷。近來《新潮》、《新青年》、《新教育》、《每週評論》銷路均漸興旺，可見社會心理已轉移向上，亦可喜之事也。各種混帳雜亂小說銷路已不如往年多矣。[17]

---

[16] 汪孟鄒致胡適信，無落款日期。引自耿雲志主編《胡適遺稿及秘藏書信》第27冊，第285頁。
[17] 《胡適來往書信選》上冊，第40頁。

《新中國雜誌》的創刊時間是1919年5月，終刊時間是1920年8月。胡適在創刊號中發表了譯自契訶夫的短篇小說《一件美術品》，以及與陶孟和合譯的《國際聯盟組織法》。與胡適一起參與創辦《新中國雜誌》的李大釗，在1919年4月致胡適信中寫道：

> 　　聽說《新青年》同人中，也多不願我們做《新中國》。既是同人不很贊成，外面又有種種傳說，不辦也好。我的意思，你與《新青年》有不可分的關係，以後我們就決心把《新青年》、《新潮》和《每週評論》的人結合起來，為文學革新奮鬥。[18]

　　李大釗所說「你與《新青年》有不可分的關係」，充分肯定了胡適作為《新青年》靈魂人物的領導地位。正是為了維護「《新青年》的團結」，胡適和李大釗很快脫離了《新中國雜誌》。

　　《新青年》準備從6卷4號開始在北京「印訂」，足以證明其在以北京為中心的北方地區和以上海為龍頭的南方地區「銷路均漸興旺」。用汪孟鄒的侄子汪原放的話說：「《新青年》愈出愈好，銷數也大了，最多一個月可以印一萬五六千本了（起初每期只印一千本）。」[19]

第五節　《新青年》的資本積累

　　出版時間為1919年2月的《新青年》6卷2號的首頁，刊登有

---

[18]　《李大釗全集》第3卷，河北教育出版社，1999年，第217頁。
[19]　汪原放著《回憶亞東圖書館》，學林出版社，1983年，第32頁。

一則《新青年編輯部啟事》：「近來外面的人往往把《新青年》和北京大學混為一談，因此發生種種無謂的謠言。現在我們特別聲明：《新青年》編輯和做文章的人雖然有幾個在大學做教員，但是這個雜誌完全是私人的組織，我們的議論完全歸我們自己負責。和北京大學毫不相干，此布。」

這裡所說的「私人的組織」，其實就是自由自治、契約平等、志同道合、求同存異的同人組織。作為中國出版史上最為重要的一份同人刊物，《新青年》雜誌的異軍突起與北京大學在文化教育界獨佔鰲頭的特殊地位，有著密不可分的依存關係。把民間自組織的《新青年》同人團隊與國立北京大學的產權歸屬和權利邊界進行明確界定，當然是必要的。但是，所謂「和北京大學毫不相干」之類策略性的表態性話語，事實上卻是不能成立的。關於這一點，先後出任北京大學代理校長和校長的蔣夢麟，在《西潮》一書中介紹說：

> 《新青年》正在鼓吹德先生與賽先生（即民主與科學），以求中國新生。這本思想激進的雜誌原為幾年前陳獨秀所創辦，後來由北京大學的一群教授共同編輯。……北大文學院院長陳仲甫（獨秀）則提倡賽先生和德先生，認為那是使中國現代化的兩種武器。自由研究導致思想自由；科學破壞了舊信仰，民主則確立了民權的主張。同時，哲學教授胡適之（適）那時正在進行文學革命，主張以白話文代替文言作表情達意的工具。白話比較接近中國的口語，因此比較易學，易懂。它是表達思想的比較良好也比較容易的工具。在過去知識原是士大夫階級的專利

品，推行白話的目的就是普及知識。白話運動推行的結果，全國各地產生了無數的青年作家。幾年之後，教育部並下令全國小學一律採用白話為教學工具。[20]

　　蔣夢麟在《談中國新文藝運動》一文中，另有更加直白的文字介紹：「白話文運動，既由北京大學的教授所發動，因為這些發起者是著名大學裡的著名學者，也就把白話文的地位提高了。沒有幾年，全國青年，便都改用白話文。後來教育部又採用白話文編輯學校課本因而通行全國。」[21]

　　參照陳明遠的相關考證，北大校長蔡元培的月薪是480元。文科學長陳獨秀在1919年6月離職之前的月薪是300元，與時任教育部僉事周樹人即魯迅同等待遇。北大教授胡適、陶孟和、沈尹默的月薪是280元。與胡適一起從美國留學歸來的政治學博士、北大教授張慰慈的月薪是260元。北大教授錢玄同、周作人、王星拱的月薪是240大洋。北大預科教授劉半農、劉文典、程演生的月薪是200元。作為北大出版部編譯員的高一涵與作為北大圖書館主任的李大釗，在教授治校的北京大學裡只是月薪120元的職員，他們晉升教授是五四運動之後的事情。毛澤東從1918年11月起，在北大圖書館當過4個月的助理員，月薪是8元。[22]

　　當年的一元錢與俗稱大洋的銀元等值，其購買力遠遠超過當下面值最大的100元人民幣。以北大教授為主體的《新青年》同人之所以願意無償供稿，並且自願集資創辦《每週評論》，除了

---

[20] 蔣夢麟著《西潮・新潮》，嶽麓書社，2000年，第114-122頁。所謂「文學院院長」的準確稱謂是文科學長。
[21] 蔣夢麟著《西潮・新潮》，第337頁。
[22] 陳明遠著《文化人的經濟生活》，文匯出版社，2005年，第91-100頁。

他們較高境界的精神追求之外，也與他們比較優裕的薪金待遇密切相關。

《每週評論》的實際創刊日期是1918年12月22日，出資人是陳獨秀、錢玄同、李大釗、高一涵、張慰慈、周作人、王星拱、李辛白、程演生、張申府等北大同事。當年的北大教職員工只要每人每月出資三元，就可以獨立創辦一份四開紙的小型週報，這在現在是不可想像的。

1919年6月11日晚上，陳獨秀因為散發傳單而被捕入獄。同年8月30日，北京警察廳下令查封《每週評論》，8月31日出版的《每週評論》第37號，因此成為沒有上市銷售的終刊號。

1919年9月10日，蔡元培回到北京履行北大校長職務。9月16日，陳獨秀在包括胡適在內的各界人士營救下保釋出獄。10月5日，《新青年》同人在胡適家中聚會，決定由陳獨秀收回主編權，作為同人刊物的《新青年》雜誌，至此已經基本結束。

隨後，由於「五四運動」的爆發尤其是陳獨秀的被捕而一再推遲的《新青年》6卷6號，在封二刊登極其醒目的《本報啟事》：「凡與本報交換的月刊週刊等，請寄北京北池子箭竿胡同九號本報編輯部。各報與本報交換的廣告，請寄上海棋盤街群益書社本報發行部。敬求注意！」

在1919年12月出版的《新青年》7卷1號中，刊登有《〈新青年〉編輯部與上海發行部重訂條件》的合同文本：

一、自七一號起，印刷發行囑上海發行部辦理。

二、中國北部約每期可銷一千五百份，由發行部儘先寄與編輯部分派，以後如銷數增加，發行部應隨時供給。

三、以後發行部當擔任每期至少添印二百五十份。

四、編輯部擔任如期交稿。

五、發行部擔任如期出版。

六、發行部每期贈送編輯部一百份外，並擔任編輯費一百五十元。但編輯員於所著稿件仍保留版權。凡《新青年》刊載之小說、戲劇，如發行部欲另刊單行本，其相互條件由著作人與發行部商定之。著作人亦可在別處另刊單行本，但承認發行部有優先權。

七、此上各條以第七為試行期。第八以後，應否修改，由編輯部與發行部商酌定文。

所謂上海發行部，指的是為《青年雜誌》投入了巨額資金的上海群益書社。從這份契約合同可以看出，不給同人作者計付稿費的《新青年》編輯部，每一期是可以收入150元編輯費的。這些編輯費連同《每週評論》的經營收入積累下來，成為陳獨秀隨後在上海獨立經營《新青年》雜誌的主要經費來源。對於失去經濟來源的陳獨秀慷慨資助的胡適，是同人團隊中僅次於陳獨秀的第二大股東。

《新青年》7卷1號的刊頭文章，是陳獨秀執筆寫作的《〈新青年〉宣言》，其中聲稱為了「實驗我們的主張，森嚴我們的壁壘」，將全體社員的「公共意見」明白宣佈。在面面俱到的十二款「公共意見」中，最為重要的是《新青年》同人壁壘森嚴的政治態度：「我們雖不迷信政治萬能，但承認政治是一種重要的公共生活；……至於政黨，我們也承認他是運用政治應有的方法；但對於一切擁護少數人私利或一階級利益，眼中沒有全社會幸福

的政黨，永遠不忍加入。」

與陳獨秀採用「我們」名義正式宣佈的「公共意見」形成較大反差的，是胡適以「我個人」的名義發表在同一期刊物的《新思潮的意義》，其中基於相對純粹的文化立場，為「新思潮」也就是後來所謂的「新文化運動」，規劃了充分世界化的既切實可行又環環相扣的總體綱領：「研究問題。輸入學理。整理國故。再造文明。」

第六節　《新青年》同人的分道揚鑣

1920年12月16日，陳獨秀應廣東省長陳炯明邀請，到廣州主持廣東省教育委員會。臨行之前給胡適、高一涵寫信，先談《新青年》雜誌已經交給陳望道編輯，請北京同人繼續供稿；接著便以專制家長的口吻發出警告：「南方頗傳適之兄與孟和兄與研究系接近，且有惡評，此次高師事，南方對孟和很冷淡，也就是這個原因，我很盼望諸君宜注意此事。」[23]

胡適接信後啟動他在美國留學時反復觀摩實踐的民主議事程序，邀請部分北京同人就他在寫給陳獨秀的回信中列出的三條建議進行表決：

其一，任憑《新青年》變成中國共產黨方面的紅色雜誌，北京同人可以另外創辦一家偏重於哲學文學的雜誌。

其二，「將《新青年》編輯的事，自九卷一號移到北京來。由北京同人於九卷一號內發表一個新宣言，略根據七卷一號的宣

---

23 《關於新青年問題的幾封信》，張靜廬輯注《中國現代出版史料甲編》，中華書局，1954年，第7頁。

言，而注重學術思想藝文的改造，聲明不談政治。」

其三，由陶孟和提出的建議：《新青年》雜誌既然已經被郵局禁止發行，乾脆就暫時停辦。[24]

此前在《〈新青年〉罪案之答辯書》中以「斷頭流血，都不推辭」的激烈態度，公開擁護「民主」與「科學」的陳獨秀，偏偏不能容忍《新青年》內部的民主表決。他收到回信後，以《新青年》大家庭的專制家長之身分，分別給李大釗、陶孟和寫信，一方面表示要與陶孟和絕交；一方面指責胡適所說的「另創一個哲學文學的雜誌」是「反對他個人」。這種以專制家長自居而不許別人反對的態度，與古代皇帝以天子寡人自居而不許臣民表示反對的專制思維一脈相承。陳獨秀所擁護捍衛的「民主」與「科學」，所針對的只是別人的不民主、不科學，而不是他自己的不民主、不科學。

為了化解《新青年》的內部分歧，恢復《新青年》同人此前達成的「不談政治」的戒約，胡適於1921年1月22日再次啟用民主議事程序，以書面形式向李大釗（守常）、魯迅（周樹人、豫才）、錢玄同、陶孟和、張慰慈、周作人（啟明）、王星拱（撫五）徵求意見，然後把大部分同人明確同意「把《新青年》移到北京編輯」的表決結果，寄給陳獨秀。

1921年2月初，《新青年》8卷6號正在排版的全部稿件，被法租界巡捕房派包探搜走。《新青年》雜誌社在被處以50元罰款的同時，還被勒令遷出租界。在這種情況下，遠在廣州的陳獨秀並不就「把《新青年》移到北京編輯」一事給予答覆，反而於2

---

[24] 《關於新青年問題的幾封信》，張靜廬輯注《中國現代出版史料甲編》，第8頁。

月15日給胡適寫下分道揚鑣的聲明信：

> 現在《新青年》已被封禁，非移粵不能出版，移京已不成問題了。你們另外辦一個報，我十分贊成，因為中國好報太少，你們做出來的東西總不差，但我卻沒有工夫幫助文章。而且在北京出版，我也不宜做文章。我是一時不能回上海了。你勸我對於朋友不要太多疑，我承認是我應該時常不可忘卻的忠告，但我總時時提心吊膽恐怕我的好朋友書呆子為政客所利用。我仍希望你非候病十分好了，不可上課、做文章，而且很想你來廣東一遊。[25]

與胡適明確分家的陳獨秀，卻在同一天給魯迅、周作人兄弟寫了一封約稿信：「《新青年》風波想必先生已經知道了，此時除移粵出版無他法，北京同人料無人肯做文章了，惟有求助你兩位。」[26]

陳獨秀所謂的「非移粵不能出版」，其實是針對胡適等舊同人所編造的一句謊話，主要目的是轉移《新青年》的有形及無形資產的財產歸屬。《新青年》雜誌事實上並沒有遷到廣東，而是繼續留在上海租界祕密出版。

在接下來的幾年時間裡，陳獨秀與《新青年》同人中間的錢玄同、陶孟和、沈尹默等人，幾乎斷絕了來往。他與胡適之間也不再是《新青年》內部的同人關係，而是一個黨派領袖與一個無

---

[25] 《關於新青年問題的幾封信》，張靜盧輯注《中國現代出版史料甲編》，第13頁。
[26] 陳獨秀致周作人信，《中國現代文藝資料叢刊》第5輯，上海文藝出版社，1980年，第336-339頁。

黨派個人之間求同存異的「聯合戰線」關係。以前的某些歷史學者為了妖魔化胡適，總是在掩蓋陳獨秀把包括胡適、陶孟和、錢玄同、沈尹默在內的大部分北京同人，單方面排斥到《新青年》之外的歷史事實，進而把分裂《新青年》的罪名轉嫁栽贓到胡適頭上。

第七節　胡適與陳獨秀的是非恩怨

胡適對人對事是很少採用謾罵話語的，1924年9月9日，他在寫給《晨報》副刊的公開信中，在批評高一涵的同時還採用「訟棍」的字眼，嚴厲駁斥了陳獨秀：

> 今日政治方面需要一個獨立正直的輿論機關，那是不消說的了。即從思想方面看來，一邊是復古的混沌思想，一邊是頌揚拳匪的混沌思想，都有澈底批評的必要。近日拳匪的鬼運大亨通：六年前作「克林德碑」那篇痛罵拳匪的大文的作者，現在也在大出力頌揚拳匪了！……今日那班處處畏資本家的陰謀的人，同時又往往為拳匪曲說巧辯：──這真是「翻手為雲覆手雨」，我們只好叫他做「訟棍的行為」。（這段不是對一涵說的，因為一涵並不至於頌揚拳匪。）[27]

胡適所說的「訟棍」又叫「刀筆吏」和「紹興師爺」。出身

---

[27] 胡適致《晨報》副刊，原載《晨報》副刊1924年9月12日。見耿雲志、歐陽哲生編《胡適書信集》上冊，北京大學出版社，1996年，第341-342頁。

於紹興師爺世家的周作人，曾經在《關於紹興師爺》一文中，為「翻手為雲覆手雨」的「訟棍的行為」，提供過一個經典說明：

> 筆記中說老幕友講刀筆的秘訣，反復顛倒無所不可，有云欲使原告勝者，曰彼如不真吃虧，何至來告狀；欲使被告勝，則斥原告曰：彼不告而汝來告狀，是汝健訟也。欲使老者勝，曰不敬老宜懲。欲使少者勝，則曰：年長而不慈幼，何也（彷彿是紀曉嵐所說，但查過閱微五記卻又不見）。[28]

　　為了便於理解，可以把周作人的這段經典話語翻譯成為白話文：紹興師爺能夠戰無不勝的制勝法寶，就是凌駕於法律條款和法律程序之上的「反復顛倒無所不可」。假如他想讓原告勝訴，就會說：「這個人要不是吃了虧，何必來告狀呢？」他要是想讓被告勝訴，就會斥責原告說：「人家被告不來告狀，你這個原告卻偏要來告狀，肯定是你善於打官司惹是非！」他要想讓老年人勝訴，就會對年輕人說：「你不尊敬老年人就應該受到懲罰！」他想讓年輕人勝訴，又會質問老年人說：「你那麼大年紀偏偏不知道愛護年輕人，是什麼道理呢？」

　　陳獨秀的《克林德碑》發表於1918年11月出版的《新青年》5卷5號，其中慷慨激昂地寫道：「義和團的野蠻、義和團的頑舊與迷信，義和團時的恐怖空氣，我都親身經驗過。……現在世界上有兩條道路：一條是向共和的、科學的、無神的、光明的道

28　周作人：《關於紹興師爺》，《自由論壇晚報》，1949年4月5日。

路;一條是向專制的、迷信的、神權的黑暗道路。──我國民若是希望義和拳不再發生,討厭像克林德碑這樣可恥紀念物不再豎立,到底是向哪條道路而行才好呢?」

李大釗在隨後發表的《危險思想與言論自由》中,附和了陳獨秀的觀點:「前些年科學的應用剛剛傳入中國,一般愚暗的人都說是異端邪教。看待那些應用科學的發明的人,如同洪水猛獸一樣。……這種愚暗無知的結果,竟造出來一場義和拳的大禍。」[29]

1924年9月3日,陳獨秀、彭述之、蔡和森、張太雷等人為中共機關刊物之一的《嚮導》週刊組織出版了「義和團問題專輯」,其中的第一篇文章是陳獨秀的《我們對於義和團兩個錯誤的觀念》,其結論與他自己六年前的《克林德碑》恰好相反:義和團運動的方向是正確的,性質是革命的,義和團是「中國民族革命史」上的「序幕」。

對比陳獨秀的兩篇文章,儘管其中的觀點和結論翻轉了一百八十度,貫穿其中的話語邏輯卻是一致的,那就是「必以吾輩所主張者為絕對之是,而不容他人之匡正」的「翻手為雲覆手雨」;或者說是「反復顛倒無所不可」的唱高調、走極端。

到了1933年,胡適在《民權的保障》一文對於主體個人在現代社會中必須嚴格遵守的法律面前人人平等、程序正義優先於實體正義的權力邊界,另有說明:

> 只有站在法律的立場上來謀民權的保障,才可以把政治引上法治之路。只有法治是永久而普遍的民權保障。

---

[29] 《每週評論》第24號,1919年6月1日,署名常。見《李大釗全集》第3卷,河北教育出版社,1999年,第271頁。

離開了法律來談民權的保障，就成了「公說公的道理，
婆說婆的道理」，永遠成了個纏夾二先生，永遠沒有出
路。……一個政府要存在，自然不能不制裁一切推翻政府
或反抗政府的行動。向政府要求革命的自由權，豈不是與
虎謀皮？謀虎皮的人，應該準備被虎咬，這是作政治運動
的人自身應負的責任。[30]

在此之前的1925年4月25日，惲代英在發表於《中國青年》
第76期的《評醒獅派》中，已經把胡適歸於不可救藥的階級敵
人：「自從《醒獅週報》出版以後，我又加了一種不贊成他們的
理由：便是他們的『士大夫救國論』。他們把士商階級看得很重
要，而很忽略農工平民的力量。……二三十年來，康有為、梁啟
超、章行嚴、黃炎培、胡適之輩，皆曾為一時士大夫救國者之領
袖，然都一一墮落，成為過去之人物。」

在蘇俄代表鮑羅廷等人指導下實現第一次合作的中國國民黨
與中國共產黨，為了執行從蘇俄方面學習到的「黨化教育」的政
治策略，於1925年11月29日下午5時左右，在首都北京發動一場
規模空前的、以青年學生為主體的遊行示威活動，示威學生一舉
搗毀焚燒了北京《晨報》館。滯留上海的胡適為此給陳獨秀鄭重
其事地寫下一封抗議信：

前幾天我們談到北京群眾燒毀《晨報》館的事，我
對你表示我的意見，你問我說：「你以為《晨報》不該燒

30　胡適：《民權的保障》，原載1933年2月19日《獨立評論》週刊第28號。見歐陽
　　哲生編《胡適文集》第11冊，北京大學出版社，1998年，第294頁。

嗎？」

　　五六天以來，這一句話常常來往於我腦中。……爭
自由的唯一原理是：「異乎我者未必即非，而同乎我者未
必即是；今日眾人之所是未必即是，而眾人之所非未必真
非。」換句話說，就是期望大家能夠容忍異己的意見與信
仰。凡不承認異己者的自由的人，就不配爭自由，就不配
談自由。……如果連這一點最低限度的相同點都掃除了，
我們不但不能做朋友，簡直要做仇敵了。……我怕的是這
種不容忍的風氣造成之後，這個社會要變成一個更殘忍更
慘酷的社會，我們愛自由爭自由的人怕沒有立足容身之地
了。[31]

　　在這封書信中，胡適特別提到自己在1919年五四運動時期體
驗到的中國傳統農耕社會溫情脈脈的人情味：「我記得民國八年
你被拘在員警廳的時候，署名營救你的人中有桐城派古文家馬通
伯與姚叔節。我記得那晚在桃李園請客的時候，我心中感覺一種
高興，我覺得這個黑暗社會裡還有一線光明：在那反對白話文學
最激烈的空氣裡，居然有幾個古文老輩肯出名保你，這個社會還
勉強夠得上一個『人的社會』，還有一點人味兒。」
　　北京《晨報》是前立憲派成員李大釗受湯化龍、孫洪伊委
派參與創辦的一份民間報紙，在五四運動和新文化運動中發揮過
不可替代的宣傳推廣作用。1919年5月7日，陳獨秀在寫給胡適的
書信中，曾經推測過政府當局「對付兩個日報，一個週報，恐怕

---

[31] 胡適：《民權的保障》，原載1933年2月19日《獨立評論》週刊第38號。見歐陽
　　哲生編《胡適文集》第1冊，北京大學出版社，1998年，第294頁。

是意中的事」。[32]他所說的兩個日報就是研究系方面的《國民公報》和《晨報》，一個週報就是他自己主編的《每週評論》。而在事實上，當年的北洋軍閥政府並沒有過分懲辦青年學生，更沒有肆意封禁和燒毀過報刊雜誌。

1926年7月31日下午，乘坐國際列車過境蘇聯的胡適，在莫斯科見到正在那裡留學的共產黨人蔡和森、劉伯堅以及國民黨方面的于右任等人。通過浮光掠影、走馬觀花的實地考察，胡適一度變成蘇聯社會主義的讚美者。他的相關通信在徐志摩主編的《晨報》副刊發表後，很讓李大釗等人感到興奮。據胡適在《漫遊的感想》中介紹說：「我的老朋友李大釗先生，在他被捕之前一兩月曾對北京朋友說：『我們應該寫信給適之，勸他仍舊從俄國回來，不要讓他往西去打美國回來。』但他說這話時，我早已到了美國了。」[33]

胡適沒有按照李大釗等人的設想從蘇聯回國，而是在離開近十年之後再一次回到了最具現代工商契約及民主憲政社會的文明境界和創造活力的美洲大陸，並且從此堅定了選擇美國式道路的政治理念。

在中共黨內一直被奉為「老頭子」即專制家長的陳獨秀，先是被共產國際總部及中共黨組織開除黨籍，1932年10月15日又被國民黨政府在上海抓獲。10月18日，上海《申報》率先發佈「共

---

[32] 《胡適來往書信選》上冊，第42頁。

[33] 胡適：《漫遊的感想》，《現代評論》，第6第141期，1927年8月20日。1926年10月12日，陳獨秀發表在《嚮導》第175期的《我們的教育家還要反赤嗎？》一文另有表示：「反赤軍勢力下之北京國立各大學，直到現在都還沒有開學希望，同時，胡適之由赤俄寫信給北京一班主張『仇俄友白』的朋友說：『我看蘇俄的教育政策，確是採取世界最新的教育學說，作大規模的試驗。』如此看來，我們的教育家還要反赤嗎？」

產黨首領陳獨秀等被捕」的消息，遠在北平的翁文灝、胡適、丁文江、任鴻雋、傅斯年等人得到消息後，於第一時間給蔣介石發去營救電報。

1932年10月30日，胡適在北大校園發表《陳獨秀與文學革命》的講演，高度評價陳獨秀對於文學革命的巨大貢獻。在落款時間為1933年12月3日的《逼上梁山》中，胡適甚至於公開為「必以吾輩所主張者為絕對之是，而不容他人之匡正」的陳獨秀大唱讚歌：「這樣武斷的態度，真是一個老革命黨的口氣。我們一年多的文學討論的結果，得著了這樣一個堅強的革命家做宣傳者，做推行者，不久就成為一個有力的大運動了。」[34]

在胡適等人呼籲營救之下，陳獨秀沒有像瞿秋白等中共領導人那樣被處以死刑，而是於1933年6月30日被國民黨最高法院採信「以文字為叛國之宣傳」的罪名，判處有期徒刑八年。

1937年8月23日，陳獨秀經胡適等人聯名保釋被減刑出獄。胡適當時已經遠赴美國，出獄之後的陳獨秀，再也沒有見到過胡適。陳獨秀晚年的主要經濟來源，是北大校長蔣夢麟定期撥付的救濟金。

---

[34] 原載《東方雜誌》，第31第1期，1934年1月1日。見姜義華主編《胡適學術文集·新文學運動》，中華書局，1998年，第219頁。

第三章
胡適的求同與錢玄同的伐異[1]

　　1940年6月21日，時任駐美大使的胡適在日記中粘貼了1939年2月13日重慶《中央日報》「平明」副刊的一頁剪報《悼錢玄同先生》，並且寫下了一句旁批：「他是有血□□□的而又富有民治思想的人。」[2]

　　由於底本模糊難以辨認，胡適原話已經無法復原，不過，有一點是可以肯定的：「富有民治思想」，不僅是胡適對於錢玄同的蓋棺定論，而且是兩個人全程合作的一個前置條件，同時也為後人研究患有嚴重神經衰弱症的錢玄同常態時通情達理、公正平和，病態時偏執絕對、黨同伐異的雙重人格，提供了一個切入點。

第一節　錢玄同加盟《新青年》

　　錢玄同原名師黃，字德潛。辛亥革命前改名夏，別號中季。1916年改名玄同，1921年改號疑古，效仿古人將號綴於名字之前的辦法自稱疑古玄同。1937年11月再次改名為「夏」，另用名號

---

[1] 本章節內容改寫自張耀杰著《北大教授與〈新青年〉——新文化運動路線圖》之第七章《錢玄同與胡適的全程合作》，中國言實出版社，2007年8月出版。

[2] 曹伯言整理《胡適日記全編》第四卷，安徽教育出版社，2001年，第566頁。

有掇獻、逸谷、渾然等。

　　錢玄同原籍浙江湖州吳興縣，1887年9月12日（清光緒十三年七月二十五日）出生於江蘇蘇州。父親錢振常曾任禮部主事，以及紹興、揚州、蘇州等地書院的山長。同父異母的兄長錢恂，號念劬，大他34歲。清末歷任駐日、英、法、德、俄、荷蘭、義大利等國使館的參贊及公使。錢恂的妻子單士厘，曾經隨錢恂出使各國，是近代中國最早走向世界的知識女性之一。

　　1905年，18歲的錢玄同跟隨時任湖北留學生監督的錢恂前往日本，進入早稻田大學師範科學習。1907年，錢玄同加入同盟會。1908年，21歲的錢玄同拜浙江同鄉章太炎為師，與黃侃、康寶忠、汪東（旭初）、龔寶銓、陶煥卿、朱希祖、馬幼漁、沈兼士、許壽裳、魯迅、周作人、劉文典、任鴻雋、胡以魯、易培基、錢家治、朱宗萊、餘雲岫等人，一起列名為章門弟子。

　　1910年，錢玄同回國，先後任中學教員、浙江教育總署教育司視學、北京高等師範附中教員及國文系教授、北京大學文科教授。

　　1917年2月，陳獨秀在《新青年》第2卷第6號通信欄裡集中刊登了他與程演生、陳丹崖、錢玄同等人關於「文學革命」的來往通信，其中以錢玄同的來信最為著名：

　　　　頃見六號《新青年》胡適之先生《文學芻議》，極為佩服。其斥駢文不通之句，及主張白話體文學，說最精闢。公前疑其所謂文法之結構為講求Grammar，今知其為修辭學，當亦深以為然也。具此識力，而言改良文藝，其結果必佳良無疑。惟選學妖孽，桐城謬種，見此又不知若何

咒罵。雖然，得此輩多咒罵一聲，便是價值增加一分也。

　　這裡的「六號《新青年》」，是第2卷第5號的誤寫。胡適在
《文學改良芻議》當中以他留學美國的世界性眼光提出「文學改
良」的倡議，從而為陷入迷惘困頓的《新青年》雜誌指明了一條
以白話文替代文言文進而掌握公眾話語主導權的文化路徑。

　　錢玄同所謂的「選學」，可以追溯到西元六世紀梁代昭明
太子從古代詩文中精選編輯的《文選》，「選學妖孽」就是仿效
昭明太子的《文選》選取應付科舉考試之八股文章的歷代文人。
桐城是隸屬陳獨秀家鄉安徽安慶的一個山區小縣，清朝年間先後
出現過三位引領文壇風尚的古文大家方苞、劉大魁、姚鼐，號稱
「桐城派」。直到《新青年》時代，「桐城派」在中國文壇依然
擁有很大份額的影響力。

　　中國文化傳承史上的選學派和桐城派雖然存在很大弊端，
卻並沒有墮落敗壞到完全澈底非人類的「妖孽」、「謬種」的地
步。錢玄同通過假定對方「若何咒罵」來證明自己一方罵人有理
的有罪推定，恰恰是中國傳統孔學儒教動不動就要祭出「存天
理，去人欲」的二元對立、一元絕對、單邊片面、獨尊儒術、非
此即彼、黨同伐異的神聖圈套「以理殺人」的一貫表現，與現代
文明社會疑罪從無、罪刑法定的現代法理背道而馳。

　　但是，錢玄同單邊片面的罵人有理，恰好投合陳獨秀單邊絕
對、不容置疑地推行所謂「文學革命」和「倫理道德革命」的思
維定勢。正是由於這一原因，陳獨秀在他的「記者」回信中熱烈
響應道：「以先生之聲韻訓詁學大家，而提倡通俗的新文學，何
憂全國不景從也。可為文學界浮一大白。」

錢玄同在來信中還與自己的頂頭上司、北京大學新任文科學長陳獨秀探討了北大文科的課程設計：「日前見公所擬大學文科中國文學門課程表。似以魏晉至唐宋為第二期。元明清為第三期。鄙意宋世文學、實為啟後、非是承前。……故鄙意中國文學、當以自魏至唐為一期。自宋至清為一期。質之高明、以為然否。」

　　陳獨秀對此回應說：「先生前所見之課程表、日來各門均小有更改。中國文學則擬以自魏至北宋為一期。自南宋至清為一期。未審安否。尚希賜教。」[3]

　　早在陳獨秀於1917年1月擔任北京大學文科學長之前，在北京大學佔據明顯優勢的「某籍某系」，也就是北京大學國文系的浙江籍教員，就一直在關注《新青年》雜誌的相關言論。1916年10月14日，錢玄同在日記中寫道：「訪幼漁即在其家晚餐。……《新青年》第二年第二卷出版，中有吳稚暉《青年與工具》一首，陳義極正。」[4]

　　1917年1月1日，錢玄同又在日記中寫道：「往訪尹默，與談應用文字改革之法。余謂文學之文，當世哲人如陳仲甫、胡適之二君均倡改革之論。二君邃於歐西文學，必能於中國文學界開新紀元。余則素乏文學智識，於此事全屬門外漢，不能贊一辭，而應用文之改革，則二君所未措意。其實應用文之弊，始於韓、柳，至八家之文興，桐城之派倡，而文章一道，遂至混沌。晚唐以後，至於今日，其間能撇去此等申申夭夭之醜文字者，惟宋明先哲之語錄耳。今日願圖改良，首須與文學之文劃清，不可存絲毫

---

[3]　《新青年》2卷6號，1917年2月。見《獨秀文存》，安徽人民出版社，1987年，第658頁。

[4]　《錢玄同日記》第3卷，福建教育出版社，2002年，第1440頁。

美術之觀念，而古人文字之疵病，雖見於六藝者，亦不當效。」

1月3日，錢玄同在日記中第二次談到胡適：「季剛所編《文心雕龍》章句篇箚記，余從尹默處借觀，覺其無甚精彩，其立說過於陳舊，不但《馬氏文通》分句、讀、頓為三之說彼不謂然，即自來句讀之說亦所不取。說句讀一義二名，皆原於一字，故不可析而為二。此說已不免膠柱鼓瑟。又說句讀有系於文義與系於音節之異，故如《關雎》首章論義止二句，而毛公以為四句，據此以為句讀不分之證。吾謂句讀之學本亦中國古人所知，……黃君此說與胡適之之《論文字句讀及符號》，直不可同年而語。」

1月7日，錢玄同在日記中再次寫道：「至尹默處，攜胡適之《論文字句讀及符號》一文（見《科學》第二卷第一期）往。因客冬尹默與幼漁及我，選有關於中國古今學術升降之文百餘篇，擬由學校出資排印，尹默意欲用西文點句之法及加施種種符號，將以胡文所論供參考。此意我極謂然。……尹默誠能將此學術文錄盡用西文點句之法行之，其於學生文辭之進步必大有裨助也。」[5]

黃季剛就是章太炎的大弟子黃侃，他當時任北京大學教授，也是錢玄同到北大任教的主要推薦人。《論文字句讀及符號》是胡適《論句讀及文字符號》一文的誤寫，完成於1915年8月2日，刊登於1916年1月出版的《科學》月刊，是中國漢語言文字歷史上最早提倡新式標點符號的一篇文章。《科學》月刊是由留美學生創辦的以自然科學為主要研究對象的學術刊物，也是中國文化教育史上最早採用新式標點符號和橫行排版的學術刊物。

錢玄同不顧自己與黃季剛的同門情誼而承認胡適此文的學術

---

[5] 《錢玄同日記》第3卷，第1495頁。

價值，顯然是出於相對超然的公正之心。

第二節　錢玄同與胡適的精神互動

遠在美國的胡適收到1917年2月出版的《新青年》2卷6號時，已經是4月9日。他在當天寫給陳獨秀的書信中，基於自己在美國學習到的現代工商契約及民主憲政社會的文明常識勸告說：

> 中惟錢玄同先生一書，乃已見第五號之文而作者，此後或尚有繼錢先生而討論適所主張八事及足下所主張之三大主義者。此事之是非，非一朝一夕所能定，亦非一二人所能定。甚願國中人士能平心靜氣與吾輩同力研究此問題！討論既熟，是非自明。吾輩已張革命之旗，雖不容退縮，然亦決不敢以吾輩所主張為必是而不容他人之匡正也。……錢玄同先生論足下所分中國文學之時期，以為有宋之文學不獨承前，尤在啟後，此意適以為甚是。[6]

陳獨秀在回信中斷然否決了胡適的文明態度：「改良文學之聲，已起于國中，贊成反對者各居其半。鄙意容納異議，自由討論，固為學術發達之原則；獨至改良中國文學，當以白話為文學正宗之說，其是非甚明，必不容反對者有討論之餘地，必以吾輩所主張者為絕對之是，而不容他人之匡正也。」

胡適與陳獨秀的上述通信，刊登在1917年5月出版的《新青

6　胡適致陳獨秀，《新青年》3卷3號，1917年5月。見《獨秀文存》，安徽人民出版社，1987年，第689-690頁。

年》3卷3號的通信欄中，同時刊登的還有錢玄同致陳獨秀的第二輪通信，胡適與錢玄同之間以陳獨秀為橋樑仲介的精神互動，由此開始。

胡適在《文學改良芻議》中，通過高調評價《水滸傳》、《紅樓夢》、《儒林外史》以及吳趼人、李伯元、劉鶚等人的白話小說，為所謂「白話文學之為中國文學之正宗」提供文獻依據：「吾每謂今日之文學，其足以與世界『第一流』文學比較而無愧色者，獨有白話小說。」

1917年2月25日，錢玄同在寫給陳獨秀的第二輪通信中，針對胡適的觀點提出商榷意見：

> 小說之有價值者，不過施耐庵之《水滸》、曹雪芹之《紅樓夢》、吳敬梓之《儒林外史》三書耳。今世小說，惟李伯元之《官場現形記》，吳趼人之《二十年目睹之怪現狀》，曾孟樸之《孽海花》三書為有價值。曼殊上人思想高潔，所為小說，描寫人生真處，足為新文學之始基乎。此外作者，皆所謂公等碌碌，無足置齒者矣。劉鐵雲之《老殘遊記》胡君亦頗推許，吾則以為其書中惟寫毓賢殘民以逞一段為佳，其他所論，大抵皆老新黨頭腦不甚清晰之見解。黃龍子論「北拳南革」一段信口雌黃，尤足令人忍俊不禁。
>
> 總之小說戲劇，皆文學之正宗，論其理固然。而返觀中國之小說戲劇，與歐洲殆不可同年而語。[7]

7　錢玄同致陳獨秀，《新青年》3卷1號，1917年3月。見《錢玄同文集》第1卷，中國人民大學出版社，1999年，第3-9頁。

1917年5月10日，胡適針對錢玄同刊登於《新青年》3卷1號的商榷意見，在致陳獨秀的書信中回應說：

> 通信欄中有錢玄同先生一書，讀之尤喜。適之改良文學一論雖積思於數年而文成於半日，故其中多可指摘之處。今得錢先生一一指出之，適受賜多矣。……適於錢先生所論，亦偶有未敢苟同之處。[8]

　　胡適的「未敢苟同」，主要體現在對於一些文學作品的具體評價方面。

　　錢玄同認為《聊齋志異》「全篇不通」；胡適認為「此言似乎太過」。錢玄同視《西遊記》為「神怪不經」；胡適認為「其妙處在於荒唐而有情思，詼諧而有莊意」，其中寫孫悟空歷史的八回，「在世界神話小說中實為不可多得之作」。錢玄同視《七俠五義》為「誨盜之作」；胡適認為「其書似亦有深意」。在錢玄同眼裡，《三國演義》與《說岳》之類通俗小說，都是以「迂謬之見，解造前代之野史」；胡適認為《三國演義》為世界歷史小說中「有數的名著」，並且特別稱讚該書吸引讀者的「魔力」。關於戲劇，胡適最後表示說：「適他日更有《戲劇改良私議》一文詳論之。今將應博士考試，不能及之矣。」

　　錢玄同閱讀胡適《文學改良芻議》之後，一直想撰寫《論應用之文亟宜改良》，由於授課太多且用心不專而一再擱置。於是，他再一次採用通信方式，把「改革之大綱十三事」函告陳獨

---

[8]　胡適致陳獨秀，《新青年》3卷4號，1917年6月。見耿雲志、歐陽哲生編《胡適書信集》上冊，北京大學出版社，1996年，第94-97頁。

秀。信中除第一事「用國語為之」和第六事「絕對不用典」之外，錢玄同還列舉了無論何種文章都必須加標點符號、數字一律採用阿拉伯符號、凡紀年都改用世界通行的耶穌紀元、改右行直下的豎排形式為從左到右的橫排形式等項改革方案。

特別值得注意的是，明確主張「絕對不用典」的錢玄同，偏偏在自相矛盾地使用著他自己製造的「選學妖孽」、「桐城謬種」的新典故，從而凸現出這位患有嚴重神經衰弱症的北大教授的價值混亂：

> 即國文一科，雖可選讀古人文章，亦必取其說理精粹，行文平易者。……惟選學妖孽所尊崇之六朝文、桐城謬種所尊崇之唐宋文，則實在不必選讀。……今後之新國民，自應使其豐富於二十世紀之新智識。即所謂群經、諸子、史記、漢書種種高等書籍，非進了大學文科專門研究者，尚不必讀；何況《佩文韻府》……等等惡爛腐朽之書。難道我們自己被他累得還嫌不夠，還要去轉害今後的新國民嗎？……故吾謂應用文學絕對禁止用典。[9]

到了1917年7月2日，錢玄同直接給胡適寫下一通長篇書信，其中表白說：

> 玄同年來深慨於吾國文言之不合一，致令青年學子不能以三五年之歲月通順其文理以適於應用，而彼選學妖孽

9　錢玄同致陳獨秀，原載《新青年》3卷5號，1917年7月。見《錢玄同文集》第1卷，中國人民大學出版社，1999年，第26-31頁。

與桐城謬種方欲以不通之典故與肉麻之句調戕賊吾青年，
因之時興改革文學之思。以未獲同志，無從質證。去春讀
《科學》二卷一號，有大著《論句讀及文字符號》一篇，
欽佩無似！嗣又於《新青年》二卷中讀先生論改良文學諸
著，益為神往。頃聞獨秀先生道及先生不日便將返國，秋
後且有來京之說，是此後奉教之日正長。文學革命之盛
業，得賢者首舉義旗，而陳獨秀、劉半農兩先生同時響
應，不才如玄同者，亦得出其一知半解、道聽塗說之議論
就正於有道，欣忭之情，莫可名狀。日前由獨秀先生見示
五月十日先生致獨秀先生之書，對於《新青年》三卷一號
玄同之通信有所獎飾、有所規正。玄同當時之作此通信，
不過偶然想到，瞎寫幾句。先生之獎飾，殊足令我慚恧。
而於規正之語，今具答如左，願先生再教之也！[10]

鑒於胡適此前的「規正之語」，錢玄同在來信中糾正了自
己的一些偏見：《聊齋志異》一書「尚不能算一無足取，……其
對於當時齷齪社會，頗具憤慨之念，於肉食者流，鄙夷訕笑者
甚至」。《西遊記》一書，確實可以與《水滸傳》、《儒林外
史》、《紅樓夢》並列為第一流小說，「前次通信與《封神傳》
同列，乃玄同之疏於鑒別也」。

在談到《三國演義》時，錢玄同依然堅持自己的觀點：「實
未知其佳處。」他從「文學上之價值」立論說：「其思想既迂
謬，文才亦笨拙，……蓋曹操固然是壞人，然劉備亦何嘗是好

---

[10] 錢玄同致胡適，《新青年》3卷6號，1917年8月。見沈永寶編《錢玄同五四時期
言論集》，東方出版中心，1998年，第31-37頁。

人？……帝蜀寇魏之論，原極可笑。」

從「歷史上之價值」立論，錢玄同認為《說岳》尚在《三國演義》之上：「明清兩代，社會上所景仰之古人，就是孔丘、關羽二位。這個孔丘，便是《儒林外史》上馬二先生對蘧公孫說的那個孔丘，（他說道：『就是夫子在而今，也要念文章，做舉業，斷不講那言寡尤、行寡悔的話。何也？就日日講究言寡尤、行寡悔，哪個給你官做。』）這個關羽，便是常常拿著大刀顯聖的那個關羽；其心傳正宗，便是康有為、張勳二人。而且不但愚夫愚婦信仰『關老爺』，即文人學士亦崇拜『關夫子』。此等謬見，今後亟應掃蕩無疑。玄同之不以《三國演義》為佳著者此也。」

在這封來信中，錢玄同還以「同抱文學革命之志」的同人身分，坦率表白了自己與胡適的大同小異：

先生「自誓三年之內專作白話詩詞，欲借此實地試驗，以觀白話之是否可為韻文之利器」，此意甚盛。玄同對於用白話說理抒情，最贊成獨秀先生之說，亦以為「其是非甚明，必不容反對者有討論之餘地，必以吾輩所主張者為絕對之是，而不容他人之匡正」。此等調論，雖若過悍，然對於迂謬不化之選學妖孽與桐城謬種，實不能不以如此嚴厲面目加之；因此輩對於文學之見解，正與反對開學堂，反對剪辮子，說「洋鬼子腳直，跌倒爬不起」者其見解相同；知識如此幼稚，尚有何種商量文學之話可說乎！

對於「同抱文學革命之志」的胡適，錢玄同是可以披肝瀝膽「逐一商酌」的。對於所謂「選學妖孽與桐城謬種」，他所表現出的是與陳獨秀高度一致的既要「匡正」卻又「不容他人之匡正」的單邊絕對、黨同伐異的思想專斷和話語霸權。然而，即使是沒有生命的最為簡單的物體，遭受作用力時也要產生機械性的反作用力；自以為單邊絕對的陳獨秀、錢玄同等人，強加於同為人類而且同為中國人的「選學妖孽與桐城謬種」的，卻是只能被動挨打而不能平等對話、良性互動的強詞奪理、黨同伐異。這種只想通過捆綁對方的手腳、封殺對方的喉舌來證明自己單邊絕對的強詞奪理、黨同伐異，在《新青年》同人團隊中一度成為最為強悍的主旋律。採用相對文明平和的態度率先提倡白話文的胡適，反而是《新青年》同人團隊中勢單力薄的少數派。

第三節　錢玄同與胡適的精誠合作

1917年9月10日，留學歸來的胡適抵達北京就任北京大學文科教授，時年27歲，是校內最為年輕的一名教授。

9月12日，蔡元培在六味齋為胡適設宴接風，由蔣竹莊、湯爾和、陶孟和、沈尹默、沈兼士、馬幼漁、錢玄同出席作陪。這是錢玄同與胡適第一次見面。

兩天後，錢玄同到北大文科教員預備室即「卯字號」拜訪，胡適外出未遇。9月19日，錢玄同再次拜訪，在當天日記中以「此說可謂極精」的評語，記錄了胡適關於儒學經典的談話：

　　午至中西旅館訪獨秀，午後至大學訪適之，暢談甚

樂。適之說自漢至唐之儒學，以《孝經》為主，自宋至明
之儒學，以《大學》為主。以《孝經》為主者，自天子以
至庶人，均因我為我父之子，故不能不做好人，我之身但
為我父之附屬品而已。此種學說，完全沒有個「我」。以
《大學》為主，必先誠意、正心、修身，而後能齊家、治
國、平天下，此乃以「我」為主者，故陸、王之學均能以
「我」為主。如陸九淵所言，我雖不識一字，亦須堂堂做
一個人是也。[11]

接著這番話，錢玄同還記錄了胡適關於古書真偽的學術判
斷：「古書偽者甚多。然無論何書，未有句句皆具本來面目者，
讀書貴能自擇，不可為古人所欺。」

9月25日，錢玄同在日記中再次記錄了胡適談話：「現在之
白話，其文法極為整齊。凡文言中賓詞為代名詞者，每倒在語詞
上，如不己知、莫我知、莫餘毒、不吾欺、不汝理、我詐爾虞之
類，在白話則不倒置，略一修飾，便成絕好之文句。」

對於胡適打算編輯《白話文典》，錢玄同表示「極以為然」。

10月2日，錢玄同見到同為章太炎弟子的浙江同鄉、北大文
科教授朱希祖，盛讚胡適的《墨經新詁》「做得非常之好」。

胡適能夠在浙江人尤其是章太炎、蔡元培的門生故舊佔據明
顯優勢的北京大學站穩腳跟，與錢玄同的極力捧場大有關係。
晚年胡適對於錢玄同當年的相關表現，給出的是最高規格的感恩
禮贊：

---

[11] 《錢玄同日記》第3卷，第1598頁。

錢氏原為國學大師章太炎（炳麟）的門人。他對這篇由一位留學生執筆討論中國文學改良問題的文章，大為賞識，倒使我受寵若驚。錢教授［後來］告訴我，他曾與陳教授討論到有關我這些建議的重要性。……錢玄同教授則沒有寫什麼文章，但是他卻向獨秀和我寫了些小批評大捧場的長信，支持我們的觀點。這些信也在《新青年》上發表了。錢教授是位古文大家，他居然也對我們有如此同情的反應，實在使我們聲勢一振。……我們這些文章——特別是陳、錢二人的作品和通信——都哄傳一時。陳獨秀竟然把大批古文宗師一棒打成「十八妖魔」。錢玄同也提出了流傳一時的名句「選學妖孽」和「桐城謬種」。……這幾句口號一時遠近流傳，因而它們也為文學革命找到了革命的對象。[12]

　　錢玄同對於胡適的「小批評大捧場」，集中體現在關於白話詩文的反復討論中。

　　1917年10月22日，胡適把《嘗試集》手稿本交給錢玄同徵求序言，錢玄同在日記中寫道：「適之此集，是他白話詩的成績，我看了覺得還不甚滿意，總嫌他太文一點，其中有幾首簡直沒有白話的影子。我曾勸他，既有革新文藝的弘願，便該儘量用白話去做才是。此時初做，寧失之俗，毋失之文。」

　　10月31日，錢玄同寫信勸告胡適說：「現在我們著手改革的初期，應該儘量用白話去做才是。倘使稍懷顧忌，對於文的一

---

[12] 唐德剛注譯《胡適口述自傳》，安徽教育出版社，1999年，第176-177頁。

部分不能完全舍去，那麼便不免存留舊汗，於進行方面很有阻礙。」[13]

11月20日，胡適給錢玄同回信，談到錢玄同和陳獨秀對於《金瓶梅》及蘇曼殊言情小說的正面肯定時，還沒有體驗過男女婚姻生活的胡適，再也不能「平心而論」：

> 我以為今日中國人所謂男女情愛，尚全是獸性的肉欲。……文學之一要素，在於「美感」。請問先生讀《金瓶梅》，作何美感？又先生屢稱蘇曼殊所著小說。吾在上海時，特取而細讀之，實不能知其好處。《絳紗記》所記，全是獸性的肉欲。其中又硬拉入幾段絕無關係的材料，以湊篇幅，蓋受今日幾塊錢一千字之惡俗之影響者也。《焚劍記》直是一篇胡說，其書尚不可比《聊齋志異》之百一，有何價值可言耶？[14]

錢玄同寫於1918年1月10日的《〈嘗試集〉序》，既是關於白話詩的綱領性文獻，也是他對於胡適「小批評大捧場」的代表作品。其中寫道：

> 適之是現在第一個提倡新文學的人。我以前看見他做的一篇《文學改良芻議》，主張用俗語俗字入文；現在又看見這本《嘗試集》，居然就採用俗語俗字，並且有通篇

---

[13] 原信佚失，引自胡適1917年11月20日答錢玄同信。胡適答信與錢玄同回信以《論小說及白話文韻文》為標題，刊登在《新青年》4卷1號通信欄中。見歐陽哲生編《胡適文集》第2冊，北京大學出版社，1998年，第34-35頁。

[14] 同13。

用白話做的。「知」了就「行」，以身作則，做社會的先導。我對於適之這番舉動，非常佩服，非常贊成。……至於現在用白話做韻文，是有兩層緣故：①用今語達今人的情感，最為自然；不比那用古語的，無論做得怎樣好，終不免有雕琢硬砌的毛病。②為除舊佈新計，非把舊文學的腔套全數刪除不可。至於各人所用的白話不能相同，方言不能盡祛，這一層在文學上是沒有什麼妨礙的；並且有時候，非用方言不能傳神；不但方言，就是外來語，也可採用。……所以我又和適之說：我們現在做白話文章，寧可失之於俗，不要失之於文。適之對於我這兩句話，很說不錯。[15]

在結束語中，錢玄同總結說：「現在我們認定白話是文學的正宗，正是要用質樸的文章，去剷除階級制度裡的野蠻款式；正是要用老實的文章，去表明文章是人人會做的，做文章是直寫自己腦筋裡的思想，或直敘外面的事物，並沒有什麼一定的格式。對於那些腐臭的舊文學，應該極端驅除，淘汰淨盡，才能使新基礎穩固。」

既然要「剷除階級制度裡的野蠻款式」；既然「做文章是直寫自己腦筋裡的思想，或直敘外面的事物，並沒有什麼一定的格式」；就應該以多元化的開放心態對待古今中外所有的文化遺產和文學樣式；而不需要爭搶單邊絕對、唯我獨尊的「文學的正宗」。以「新青年」自居的胡適、陳獨秀、錢玄同等人，卻偏偏

---

[15] 錢玄同《〈嘗試詩〉序》，《新青年》4卷2號，1918年2月。見《錢玄同文集》第1卷，中國人民大學出版社，1999年，第84-91頁。

要以一種新「正宗」替代另一種舊「正宗」，恰恰暴露出他們自己以單邊絕對的專斷思維反對另一種單邊絕對的專斷思維的自相矛盾、價值混亂。

錢玄同本人並不從事白話詩創作，卻是白話新詩最為積極的提倡者和推動者。胡適在《五十年來中國之文學》的小冊子中談到文學革命的建設性貢獻時指出：「胡適在美洲做的白話詩還不過是刷洗過的文言詩；這是因為他還不能拋棄那五言七言的格式，故不能儘量表現白話的長處。錢玄同指出這種缺點來，胡適方才放手去做那長短無定的白話詩。同時沈尹默、周作人、劉復等也加入白話詩的試驗。這一年的作品雖不很好，但技術上的訓練是很重要的。」[16]

第四節　《新青年》同人的精神歧異

1918年1月2日，輪值編輯《新青年》第4卷第2號的錢玄同，在日記中談到對於胡適的另一種看法：「午後至獨秀處，檢得《新青年》存稿。因四卷二期歸我編輯，本月五日須編稿，十五日須寄出也。與獨秀談，移時叔雅來，即在獨秀處晚餐。同座者為獨秀夫婦、叔雅夫婦及獨秀之兒女。叔雅亦為『紅老』之學者，與餘辯論，實與尹默多同情。其實即適之亦似漸有『老』學氣象。然我終不以此種主張為然。」[17]

所謂「紅老」，就是《紅樓夢》和老子《道德經》中所貫穿的消極無為、虛無幻滅的道教玄學觀念。在錢玄同心目中，胡適

---

[16] 歐陽哲生編《胡適文集》第3冊，第256頁。
[17] 《錢玄同日記》第3卷，第1645頁。

當時的種種表現與喜歡「紅老」哲學的沈尹默、劉文典（叔雅）一樣，不夠積極進取。

但是，在胡適心目中，他卻是被《新青年》同人中的陳獨秀、錢玄同、劉半農等人給嚴重「悍」化了。同為歷史當事人之心理狀態的巨大反差，透露出的是直接體驗過歐美現代文明的胡適，與從來沒有直接體驗過歐美現代文明的陳獨秀、錢玄同、劉半農等人之間，在思維習慣和價值信仰方面難以逾越的文化鴻溝。

1918年9月5日，遠在美國留學的任鴻雋，在致胡適信中寫道：

> 王敬軒之信，雋不信為偽造者，一以為「君等無暇作此」，二則以為為保《新青年》信用計，亦不宜出此。莎菲曾云此為對外軍略，似亦無妨。然使外間知《新青年》中之來信有偽造者，其後即有真正好信，誰覆信之？又君等文字之價值雖能如舊，而信用必且因之減省，此可為改良文學前途危者也（雋已戒經農、莎菲勿張揚其事）。[18]

「王敬軒之信」，指的是錢玄同化名王敬軒在《新青年》4卷3號中與劉半農一唱一和的雙簧通信。「莎菲、經農」，指的是與任鴻雋一樣正在美國留學的陳衡哲、朱經農。

11月3日，從美國留學歸來的任鴻雋，在致胡適信中再次規勸說：

---

[18] 《胡適來往書信選》上冊，中華書局，1979年，第14頁。

兄等議論，往往好以略相近而尤下流之兩事作形容以為詆訛，此易犯名學上比擬之病。如老兄論我說的古詩體，竟扯上纏足、八股、專制政體等事，其實纏足、八股、專制政體等如何能與詩體比例？……再錢玄同先生罵張某的戲評也揶出保存辮髮、小腳等事，似乎有點過甚其辭。戲本之能否除舊佈新，不過視一般人之美術思想（文學更說不到）如何，何必揶出那死心塌地為惡的保存辮髮、小腳為比。至用到「尊屁」美號，更覺有傷風雅。……吾愛北京大學，尤愛兄等，故敢進逆耳之言，願兄等勿專騖眼前攻擊之勤，而忘永久建設之計，則幸甚。

　　任鴻雋與錢玄同一樣，是章太炎在日本時期講授國故之學的一名弟子。他所說的「罵張某的戲評」，指的是《新青年》5卷2號以《今之所謂「評劇家」》為標題刊登的劉半農與錢玄同的來往通信。錢玄同針對北大學生張厚載的相關言論表示說：「我記得十年前上海某旬報中有一篇文章，題目叫做《尊屁篇》，文章的內容，我是忘記了。但就這題目斷章取義，實在可以概括一班『鸚鵡派讀書人』的大見識大學問。」
　　在此之前，由陳獨秀輪值編輯的《新青年》5卷1號以《讀〈新青年〉》為標題，刊登了正在美國哥倫比亞大學留學的汪懋祖與胡適之間的來往通信。胡適在回信中公開表白說：

　　來書說，「兩黨討論是非，各有其所持之理由。不務以真理爭勝，而徒相目以妖，則是滔滔者妖滿國中也」。又說本報「如村嫗潑罵，似不容人以討論者，其何以折

服人心？」此種諍言，具見足下之愛本報，故肯進此忠言。從前我在美國時，也曾寫信與獨秀先生，提及此理。那時獨秀先生答書說文學革命一事，是「天經地義」，不容更有異議。我如今想來，這話似乎太偏執了。我主張歡迎反對的言論，並非我不信文學革命是「天經地義」。我若不信這是「天經地義」，我也不來提倡了。但是人類的見解有個先後遲早的區別。我們深信這是「天經地義」了，旁人還不信這是「天經地義」。我們有我們的「天經地義」，他們有他們的「天經地義」。輿論家的手段，全在用明白的文學，充足的理由，誠懇的精神，要使那些反對我們的人不能不取消他們的「天經地義」，來信仰我們的「天經地義」。所以本報將來的政策，主張儘管趨於極端，議論定須平心靜氣，一切有理由的反對，本報一定歡迎，決不致「不容人以討論」。[19]

胡適所謂「本報將來的政策」，只是他自己的美好願望，並不能夠代表《新青年》同人團隊的一致意見。所謂「天經地義」，說到底是中國傳統儒教文化用來從事奉天承運、神道設教、「存天理，滅人欲」的愚民教化的神聖圈套，從來都沒有真實存在過。自以為「天經地義」的胡適，當時正處於他自己後來所說的走火入魔的「悍化」狀態。他最大的盲點和誤區，就是自相矛盾、自欺欺人地認為可以保持一種「主張儘管趨於極端，議論定須平心靜氣」的理想狀態；也就是一邊為同黨同派所提倡的

---

[19] 胡適：《答汪懋祖》，原載1918年7月15日《新青年》5卷1號，見歐陽哲生編《胡適文集》第2冊，第64頁。

白話文爭奪「莫須有」的「天經地義」的「正宗」地位，一邊又幻想著與被搶奪「正宗」地位的古文作家「平心靜氣」地開展學術討論！

在《新青年》5卷1號通信欄中，另有以「駁王敬軒君信之反動」為標題的一組來往通信。錢玄同以「記者」名義反駁署名戴主一的讀者說：

> 本志易卜生號之通信欄中，有獨秀君答某君之語，請足下看看，便可知道半農君答王敬軒君如此措辭的緣故。來書中如「胡言亂語」、「狂妄」、「肆無忌憚」、「狂徒」、「顏之最矣」諸語，是否不算罵人？……若對於什麼「為本朝平發逆之中興名將曾文正公」，便欲自卑而尊之，則本志同人尚有腦筋，尚有良心，尚不敢這樣的下作無恥！

所謂「獨秀君答某君之語」，指的是陳獨秀在《新青年》4卷6號中對於署名「崇拜王敬軒者」的讀者來信的強硬答覆：

> 本志自發刊以來，對於反對之言論，非不歡迎；而答詞之敬慢，略分三等：立論精到，足以正社論之失者，記者理應虛心受教。其次則是非未定者，苟反對者能言之成理，記者雖未敢苟同，亦必尊重討論學理之自由虛心請益。其不屑與辯者，則為世界學者業已公同辯明之常識，妄人尚復閉眼胡說，則唯有痛罵之一法。討論學理之自由，乃神聖自由也；倘對於毫無學理毫無常識之妄言，

而濫用此神聖自由，致是非不明，真理隱晦，是曰「學願」；「學願」者，真理之賊也。[20]

用陳獨秀「唯有痛罵之一法」也就是罵人有理的話語標準，衡量胡適所說的「本報將來的政策」，恰恰可以給胡適扣上「濫用此神聖自由」的「學願」和「真理之賊」的罪名。錢玄同、陳獨秀等人與胡適之間最具根本性的精神歧異，就在於一方堅持黨同伐異、罵人有理的「痛罵之一法」；另一方即使有所「悍化」，也依然幻想著「主張儘管趨於極端，議論定須平心靜氣」的立異存同。

第五節　胡適的求同與錢玄同的伐異

1918年5月29日深夜，胡適給錢玄同寫信，針對他為提倡世界語（Esperanto）而主張「廢漢文」的極端態度加以規勸：

> 中國文字問題，我本不配開口，但我仔細想來，總覺得這件事不是簡單的事，須有十二分的耐性，十二分細心，方才可望稍稍找得出一個頭緒出來。若此時想「抄近路」，無論那條「近路」是世界語，還是英文，不但斷斷辦不到，還恐怕挑起許多無謂之紛爭，反把這問題的真相弄糊塗了。……我的意思以為國中學者能像老兄這樣關心這個問題的，實在不多；這些學者在今日但該做一點耐性

---

[20] 陳獨秀：《答崇拜王敬軒者》，《新青年》4卷6號，1918年6月。見《獨秀文存》，安徽人民出版社，1987年，第746頁。

的工夫，研究出一些「補救」的改良方法；不該存一個偷懶的心……老兄以為這話有一分道理嗎？[21]

1918年8月20日，胡適再次致信錢玄同道：「適意吾輩不當罵人，亂罵人實在無益於事。……至於老兄以為若我看得起張謬子，老兄便要脫離《新青年》，也未免太生氣了。……我以為這種材料，無論如何，總比憑空閉戶造出一個王敬軒的材料要值得辯論些。老兄肯造王敬軒，卻不許我找張謬子做文章，未免太不公了。老兄請想想我這話對不對。」[22]

「張謬子」即北大法科畢業班學生張厚載。針對胡適來信，錢玄同在回信中寫道：「老兄的思想，我原是很佩服的。然而我卻有一點不以為然之處：即對於千年積腐的舊社會，未免太同他

---

[21] 耿雲志、歐陽哲生編《胡適書信集》上冊，第160-162頁。與胡適批評錢玄同的說法相印證，吳稚暉在《章士釗——陳獨秀——梁啓超》中，也談到章士釗、陳獨秀、梁啓超等人急功近利的路徑選擇：「他們都要不費吹灰之力，把中國很容易的弄好。他們認定中華民國成功了十四年，還糟到如此，一定是世界上不曾有過的大損失辦法。（這也是算是全中國人的共通觀念。）他們眼看著這位東方病夫先生在床上睡得太久，終要想個切合的方法，救正那種大損失的醫治，免把病人誤了。於是疑心本來無病，都是吃藥吃壞的，止要清心寡欲，自然慢慢的會起來，就是章先生。斷定痞積不少，十四年中現象更顯，止要巴豆大黃，一貼即愈，就是陳先生。以為原氣本來不足，吃藥又吃得不對，所以鬧到這個田地，還要用黃芪黨參，依我『陸仲安』的老手段，『克利醫生』也不能不讓步，又就是梁先生。……就是梁先生隱羨日本的容易，陳先生憤慨俄羅斯的爽脆，也未免有點刻舟求劍。雖然盼望中國的得救，愈快愈好，我不能不表三位先生的同意。但是陳先生走得太快，尚且還應斟酌，章梁兩先生索性退了回去，那就真是倒看千里鏡，要愈弄愈遠了呀。不要若喪考妣的嫌十四年太多，反弄到希奇古怪的加二十八年也不夠。」《中國新文學大系·文學論爭集》，上海良友圖書印刷公司，1935年，第235-243頁。

[22] 《胡適來往書信選》上冊，中華書局，1979年，第24頁。這封信的落款是「廿夜」，《胡適來往書信選》把寫作日期認定為1919年2月20日，北京大學出版社的《胡適書信集》上冊，又把寫作日期認定為1919年的「7、8月間」。該信的實際寫作時間應該為1918年8月20日。

周旋了。平日對外的議論，很該旗幟鮮明，不必和那些腐臭的人去周旋。老兄可知道外面罵胡適之的人很多嗎？你無論如何敷衍他們，他們還是很罵你，又何必低首下心，去受他們的氣呢？我這是對於同志的真心話，不知道老兄以為怎樣？」[23]

面對錢玄同的質疑警告，胡適在回信中解釋說：

> 我所有的主張，目的並不止於「主張」，乃在「實行這主張」。故我不屑「立異以為高」。我「立異」並不「以為高」。我要人知道我為什麼要「立異」。換言之，我的「立異」的目的在於使人「同」於我的「異」。（老兄的目的，惟恐人「同」於我們的「異」；老兄以為凡贊成我們的都是「假意」而非「真心」的。）故老兄便疑心我「低首下心去受他們的氣」。但老兄說「你無論如何敷衍他們，他們還是很罵你」。老兄似乎疑心我的「與他們周旋」是要想「免罵」的！這句話是老兄的失言，恕不駁回了。[24]

與錢玄同採用疑罪從有、有罪推定的誅心思維，證明自己單邊絕對、罵人有理相比較，胡適從來不把「千年積腐的舊社會」看成是勢不兩立、你死我活的異類天敵，而是把「舊社會」的「人」，看作是大同人類中既存小異更求大同的一分子。基於這一點，胡適把創新立異的大目標，限定於造福全社會以至全人類

---

[23] 《胡適來往書信選》上冊，第25頁。
[24] 《胡適來往書信選》上冊，第27頁。該書錄入此信時錯誤認定「此信約寫於1919年2月下旬」，特此指明並糾正。

的使人「同」於我的「異」；而不是像《新青年》同人團隊中佔據大多數的錢玄同、陳獨秀、劉半農、魯迅、周作人那樣，以單邊絕對、黨同伐異的團隊黨派勢力，去打倒戰勝敵對一方的異己勢力。

到了1919年10月5日，錢玄同在日記中寫道：「至胡適之處。因仲甫邀約《新青年》同人在適之家中商量七卷以後之辦法，結果仍歸仲甫一人編輯，即在適之家中吃晚飯。」[25]

隨著陳獨秀把《新青年》編輯部回遷上海，此前站在陳獨秀「必以吾輩所主張者為絕對之是，而不容他人之匡正」的單邊絕對立場上排斥林紓、張厚載等人的錢玄同，面臨著被新任編輯陳望道等人強行改稿的屈辱待遇。身分處境的轉換，為習慣於黨同伐異的錢玄同提供了自我反省的思想契機。1920年9月25日，鑒於周作人一再替陳獨秀催討稿件，錢玄同在回信中反思檢討了自己此前的相關表現：

> 我近來很覺得兩年前在《新青年》雜誌上做的那些文章，太沒有意思。……仔細想來，我們實在中孔老爹「學術思想專制」之毒太深，所以對於主張不同的論調，往往有孔老爹罵宰我，孟二哥罵楊、墨，罵盆成括之風。其實我們對於主張不同之論調，如其對方所主張，也是20世紀所可有，我們總該平心靜氣和他辯論。我近來很覺得拿王敬軒的態度來罵人，縱使所主張新到極點，終之不脫「聖人之徒」的惡習，所以頗憚於下筆撰文。[26]

---

25 《錢玄同日記》第4卷，第1815頁。
26 《中國現代文藝資料叢刊》第5輯，第322頁。

1920年12月16日，錢玄同在致周作人信中表示說，他要仿效胡適的做法，捍衛自己作為《新青年》同人的「用字自由權」：「邵力子、陳望道、沈玄廬諸公把《覺悟》底通信都要改過，已覺不合。現在彼底潮流，又由國民黨底報紙侵入進步黨底報紙了。……我現在對於陳望道編輯《新青年》，要看他編輯的出了一期，再定撰文與否。如他不將他人底稿改用彼等——『哪』、『佢』……字樣，那就不說什麼；否則簡直非提出抗議不可了。」[27]

　　《覺悟》是國民黨機關報《民國日報》的副刊，由邵力子主編。邵力子、陳望道、沈玄廬等人在關於代名詞的討論中，硬性規定了「哪」、「佢」等字的用法，而且擅自改寫讀者來信，在當時引起較大爭議。所謂「進步黨底報紙」，指的是在提倡新文化運動方面與《民國日報》保持一致的研究系報紙《時事新報》。

　　1921年6月12日，錢玄同又在致周作人信中表示說：蘇聯人的布爾什維克「頗不適用於中國」，其原因是：「社會壓迫個人太甚，……中國人無論賢不肖，以眾暴寡的思想，是很發達的。易卜生《國民公敵》中之老醫生，放在中國，即賢者亦必殺之矣。」[28]

　　1922年4月8日，面對陳獨秀等人關於「非宗教同盟運動」的極端表態，錢玄同在致周作人信中再一次反思檢討說：

---

[27]　《中國現代文藝資料叢刊》第5輯，第329頁。
[28]　《中國現代文藝資料叢刊》第5輯，另見沈永寶編《錢玄同五四時期言論集》，東方出版中心，1998年，第219頁。

中國人「專制」「一尊」的思想，用來講孔教，講皇帝，講倫常，……固然是要不得，但用它來講德謨克拉西，講布爾什維克，講馬克思主義，講安那其主義，講賽因斯，……還是一樣的要不得。反之，用科學的精神（分析條理的精神），容納的態度來講東西，講德先生和賽先生等固佳，即講孔教，講倫常，只是說明他們的真相，也豈不甚好。……我們以後，不要再用那「務以吾輩所主張者為絕對之是而不容他人之匡正」的態度來作「訑訑」之相了。前幾年那種排斥孔教、排斥舊文學的態度，很應改變。若有人肯研究孔教與舊文學，鰓理而整治之，這是求之不可得的事。即使那整理的人，佩服孔教與舊文學，只要所佩服的確是它們的精髓的一部分，也是很正當，很應該的。但即使盲目的崇拜孔教與舊文學，只要是他一個人的信仰，不波及社會──涉及社會，亦當以有害於社會為界──也應該聽其自由。此意你以為然否？[29]

　　與錢玄同這段反思話語異曲同工的，是一再遭受《新青年》同人黨同伐異的前輩文人林紓的一段話：「民國新立，士皆剽竊新學，行文亦澤之以新名詞。夫學不新而唯詞之新，匪特不得新，且舉其故者而盡亡之……吾恐國未亡而文字已先之，幾何不為東人之所笑也！」[30]

　　借用林紓的話說，陳獨秀、錢玄同、劉半農、周作人、魯迅

---

[29] 《魯迅研究資料》第9輯，天津人民出版社，1982年。該刊把寫作時間錯誤地認定為1932年，特此說明並糾正。
[30] 林紓：《論古文之不宜廢》，原載1917年2月8日上海《民國日報》，見曹伯言整理《胡適日記全編》第2卷，安徽教育出版社，2001年，第566-568頁。

等人在《新青年》時代打著文學革命、民主科學等時髦旗號廢古文甚至於廢漢字的相關言行，恰恰是「學不新而唯詞之新」的以儒反儒、以舊反舊。

第六節　錢玄同的「偏謬精神」

胡適的民治思想潛移默化於留學時代。1911年3月9日，剛到美國半年的胡適閱讀了美國前總統林肯的葛底斯堡（Gettysburg）演說。1916年4月18日，趙元任來信與胡適討論林肯演說中的經典名言「The government of the people，by the people，for the people」。胡適先譯為「此吾民所自有，所自操，所自為之政府」；覺得沒有譯出原話神韻，又改譯為「此主於民，出於民，而又為民之政府」，結果依然不能達意。[31]

孫中山在《文言本三民主義》中，曾把這句話翻譯為「為民而有，為民而治，為民而享」，後來又把這一林肯版「三民主義」翻譯為漢語世界所公認的最佳譯文：民有、民治、民享。[32]

在林肯版「三民主義」中，最為核心也最具有可操作性的是「民治」，即by the people。民治的關鍵是「by」，它的意思是「通過」和「經由」。隨之而來的，是公共領域內權由民所授、權由法所定的程序設計和制度建設。假如包括國家政權在內的所有公共權力，沒有經過權為民所賦、權由法所定的嚴格檢驗，那麼，所有個人以人為本的個人自由、甲乙平等、法治民主、限權

---

[31] 曹伯言整理《胡適日記全編》第2卷，第379頁。參見邵建著《瞧，這人：日記、書信、年譜中的胡適（1891-1927）》，廣西師範大學出版社，2007年，第56頁。

[32] 孫中山：《在中國國民黨本部特設粵辦事處的演說》（1921年3月6日），《孫中山全集》第5卷，1983年，第475頁。

憲政的正當權利，就沒有辦法得到切實有效的剛性保障。在整個20世紀，中國社會所彌漫的其實是打著民主、科學之類的神聖旗號，自相矛盾地抵制排斥民治思想、民主程序、科學精神的怪異現象。

1922年6月16日凌晨，陳炯明統帥的粵軍包圍了位於廣州越秀山下的孫中山總統府。作為報復，避往永豐艦的孫中山下令海軍向廣州城內的商業繁榮區開炮轟擊。第二天，孫中山再次命令炮轟廣州城區，兩次開炮導致一百多名平民死亡。粵難發生後舉國震驚。6月25日，《努力》週刊第8期出版，胡適在其中的「這一周」中寫道：

> 本周最大的政治變化是廣東的革命與浙江的獨立。孫文與陳炯明的衝突是一種主張上的衝突。陳氏主張廣東自治，造成一個模範的新廣東；孫氏主張用廣東作根據，做到統一的中華民國。這兩個主張都是可以成立的。但孫氏使他的主張，迷了他的眼光，不惜倒行逆施以求達他的目的，於是有八年聯安福部的政策，於是有十一年聯張作霖的政策。遠處失了全國的人心，近處失了廣東的人心，孫氏還要依靠海軍，用炮擊廣州城的話來威嚇廣州的人民，遂不能免這一次的失敗。孫氏曾著書提倡「行之非艱，知之維艱」的學說，我們當時曾贊成他的「知之則必能行之，知之則更易行之」的話（《每週評論》三十一號）。現在看來，孫氏的失敗還在這一個「知」字上。一方面是他不能使多數人瞭解他的主張，一方面是他自己不幸採用

了一種短見的速成手段。[33]

　　陳炯明是參加過黃花崗起義及辛亥革命的資深革命黨人，他在護法戰爭期間武力驅逐駐紮廣東的雲南、廣西軍閥，歡迎孫中山由上海返回廣東再建軍政府。兩個人隨後在權力分配方面沒有達成妥協而導致分裂，國民黨內部便一致譴責陳炯明為「犯上」、「叛逆」。胡適在《努力》週刊第十二期的「這一周」中，批評了這種「舊道德的死屍的復活」：

　　　　我們並不是替陳炯明辯護；陳派的軍人這一次趕走孫
　　文的行為，也許有可以攻擊的地方；但我們反對那些人抬
　　出「悖主」、「犯上」、「叛逆」等等舊道德的死屍來做
　　攻擊陳炯明的武器。為什麼？我們試問，在一個共和的國
　　家裡，什麼叫做悖主？什麼叫做犯上？至於叛逆，究竟怎
　　樣的行為是革命？怎樣的行為是叛逆？蔡鍔推倒袁世凱，
　　是不是叛逆？吳佩孚推倒段祺瑞，是不是叛逆？吳佩孚趕
　　走徐世昌，是不是叛逆？

　　面對來自國民黨方面的激烈反彈，胡適在《努力》週刊第十六期的「這一周」中進一步批評說：「同盟會是一種祕密結社，國民黨是一種公開的政黨，中華革命黨和新國民黨都是政黨而帶著祕密結社的辦法的。……在一個公開的政黨裡，黨員為政見上的結合，合則留，不合則散，本是常事。」

---

[33] 胡適：《這一周之10》，歐陽哲生編《胡適文集》第3冊，北京大學出版社，1998年，第409頁。

胡適所說的「國民黨是一種公開的政黨」，指的1912年由宋教仁負責組建的作為現代議會政黨的「國民黨」，而不是孫中山於1919年在祕密會黨性質的中華革命黨基礎上重新組建的「中國國民黨」。胡適在美國留學期間積極參與過當地的各種民治選舉活動，對美國專門從事議會競爭的現代議會政黨印象深刻。一個美國公民今天贊成民主黨的主張，明天在大選中投票給民主黨，就變成了民主黨人。假如下次他把票投給共和黨，便又回到共和黨的派別中來。黨派立場的變換是合法公民的自主選擇，完全談不上什麼「背叛」、「悖主」、「犯上」。

　　對於林肯版「三民主義」即民有、民治、民享有過深入研究的孫中山，在其政治生涯中所選擇的偏偏是中國傳統儒教「天下為公」、「存天理，去人欲」的二元對立、一元絕對、單邊片面、唯我獨尊，以至於一人訓黨、一黨訓政、黨在國上、黨同伐異的舊路子。到了蔣介石通過北伐戰爭奪取政權之後，國民政府在一人訓黨、一黨訓政、黨在國上、黨同伐異的專權專制的道路上，更是越走越遠。

　　在胡適及其美國導師杜威的影響下，陳獨秀一度成為美國式民治思想的研習者和傳播者，他在著名的《本志罪案之答辯書》中高調表示說：

　　　　本志同人本來無罪，只因為擁護那德莫克拉西（Democracy）和賽因斯（Science）兩位先生，才犯了這幾條滔天的大罪。要擁護那德先生，便不得不反對孔教、禮法、貞節、舊倫理、舊政治。要擁護那賽先生，便不得不反對舊藝術、舊宗教。要擁護德先生又要擁護賽先生，

便不得不反對國粹和舊文學。大家平心細想,本志除了擁護德、賽兩先生之外,還有別項罪案沒有呢?若是沒有,請你們不用專門非難本志,要有氣力有膽量來反對德、賽兩先生,才算是好漢,才算是根本的辦法。[34]

在《本志罪案之答辯書》中,陳獨秀最沒有道義擔當的一段話,是對於《新青年》同人錢玄同的捨棄犧牲:

社會上最反對的,是錢玄同先生廢漢文的主張。錢先生是中國文字音韻學的專家,豈不知道語言文字自然進化的道理?(我以為只有這一個理由可以反對錢先生。)他只因為自古以來漢文的書籍,幾乎每本每葉每行,都帶著反對德、賽兩先生的臭味;又碰著許多老少漢學大家,開口一個國粹,閉口一個古說,不嘗聲明漢學是德賽兩先生天造地設的對頭;他憤極了才發出這種激切的議論。像錢先生這種用「石條壓駝背」的醫法,本志同人多半是不大贊成的。但是社會上有一班人,因此怒罵他,譏笑他,卻不肯發表意思和他辨駁,這又是什麼道理呢?難道你們能斷定漢文是永遠沒有廢去的日子嗎?

假如一個江湖醫生甚至於連江湖醫生都不是的所謂「好漢」,在大庭廣眾之中強制性地採用「石條壓駝背」的辦法給人治病;像這樣的治病方式無論如何都不是在擁護所謂的「德莫克拉西

---

[34] 陳獨秀:《本志罪案之答辯書》,《新青年》6卷1號,1919年1月。《獨秀文存》,安徽人民出版社,1987年,第242-243頁。

（Democracy）和賽因斯（Science）兩位先生」，而是在明目張膽地圖財害命。對於這樣的「好漢」的公然犯罪行為，最為恰當的辦法當然不是「怒罵他，譏笑他」，而是直接訴諸法律予以公訴和嚴懲。而在事實上，《新青年》同人中高舉「德莫克拉西（Democracy）和賽因斯（Science）兩位先生」的擋箭牌子，針對中國傳統文化實施「石條壓駝背」式的詆毀敗壞的陳獨秀、錢玄同、劉半農等人，當時所充當正是這樣的「好漢」。作為《新青年》同人團隊大家長的陳獨秀，不肯挺身而出承擔第一位的罪錯責任，反而拋出錢玄同去充當《新青年》同人團隊的替罪羊和犧牲品，無論如何都是違背同人道義的！

陳獨秀的落款時間為1919年11月2日的長篇論文《實行民治的基礎》，其實是關於杜威的《美國之民治的發展》演講稿的讀後感想。他首先依據杜威的觀點解釋說：

　　原來「民治主義」（Democracy），歐洲古代單是用做「自由民」（對奴隸而言）參與政治的意思，和「專制政治」（Autocracy）相反；後來人智日漸進步，民治主義的意思也就日漸擴張；不但拿他來反對專制帝王，無論政治、社會、道德、經濟、文學、思想，凡是反對專制的、特權的，遍人間一切生活，幾乎沒有一處不豎起民治主義的旗幟。所以杜威博士列舉民治主義的原素，不限於政治一方面。……我不是說不要憲法，不要國會，不要好內閣，不要好省制，不要改良全國的水利和交通；也不是反對省自治，縣自治；我以為這些事業，必須建築在民治的基礎上面，才會充分發展；大規模的民治制度，必須建築

在小組織的民治的基礎上面，才會實現；基礎不堅固的建築，像那沙上層樓，自然容易崩壞；沒有堅固基礎的民治，即或表面上裝飾得如何堂皇，實質上畢竟是官治，是假民治，真正的民治決不會實現，各種事業也不會充分發展。[35]

基於上述理解，陳獨秀寫道：杜威博士在他《美國之民治的發展》講演中說道：「美國是一個聯邦的國家，當初移民的時候，每到一處，便造成一個小村，由許多小村，合成一邑，由許多邑合成一州，再由許多州合成一國。小小的一個鄉村，一切事都是自治。」杜威還介紹說：「美國的聯邦是由那些有獨立自治能力的小村合併起來的，歷史上的進化是由一村一村聯合起來的。美國的百姓是為找自由而來的，所以他們當初只要自治不要國家，後來因有國家的需要，所以才組成聯邦。」我們現在要實行民治主義，是應當拿英美做榜樣，是要注意政治經濟兩方面，是應當在民治的堅實基礎上做工夫，是應當由人民自己一小部分一小部分創造這基礎。這基礎是什麼？就是人民直接的實際的自治與聯合。這種聯合自治的精神：就是要人人直接的，不是用代表間接的；是要實際去做公共生活需要的事務，不是掛起招牌就算完事。這種聯合自治形式：就是地方自治和同業聯合兩種組織。

在這篇文章結尾，陳獨秀談到他對於英美式民治社會的理想期待：「我們所痛苦的是現代社會制度的分裂生活，我們所渴望的是將來社會制度的結合生活，我們不情願階級爭鬥發生，我們渴望

---

[35] 陳獨秀：《實行民治的基礎》，《新青年》7卷1號，1919年12月。《獨秀文存》，安徽人民出版社，1987年，第250-261頁。

純粹資本作用——離開勞力的資本作用——漸漸消滅，不至於造成階級爭鬥；怎奈我們現在所處的不結合而分裂的——勞資、國界、男女等——社會，不慈善而爭鬥的人心，天天正在那裡惡作劇，（現在美國勞資兩元組織的產業會議，就是一個例。）」

到了1924年，已經成為中共最高領導人的陳獨秀，鑒於胡適等英美派教授學者的不肯配合，在《留美學生》一文中澈底否定了對於美國社會的借鑒學習：

> 美國限制移民律，竟影響到中國赴美的留學生，以至未動身的不能動身，已動身的到了美國不能登岸，在普通感情上，我們應該憤恨美國，然而我卻十分感謝美國。因為在一般留美學生成績上看起來，幾乎無一人不反對革命運動，幾乎無一人不崇拜金錢與美國，這種人少一個好一個；若是美國簡直不許一個中國人去留學，那才是為中國造福不淺。[36]

另一位前《新青年》同人李大釗，對於包括「民有、民治、民享」在內的美國政治文明也採取了排斥態度。1927年初，李大釗一度打算寫信給遠在英國的胡適，「勸他仍舊從俄國回來，不要讓他往西去打美國回來」。[37]

1926年10月23日，時任廈門大學教授的前《新青年》同人魯迅，在寫給許廣平的兩地書原信中，對於依法捍衛「民有、民

---

[36] 陳獨秀：《留美學生》，《陳獨秀文章選編》中冊，三聯書店，1984年，第556頁。
[37] 胡適：《歐遊道中寄書》，歐陽哲生編《胡適文集》第四冊，第34頁。

治、民享」的政治制度並且解放過成千上萬美國黑奴的林肯，同樣實施了全盤否定：「林肯之類的事，我是不大要看，但在這裡，能有好的影片看麼？」[38]

作為一名從來沒有像胡適那樣親身體驗過現代工商契約及民主憲政社會的文明生活和公民權利的神經衰弱症患者，錢玄同的思想一直處於從一個極端到另一個極端的反復搖擺之中。儘管如此，對於「民治思想」的共同追求，一直是他與胡適之間從事公私合作的共同前提和底線。

1918年9月，錢玄同在發表於《新青年》3卷5號的《隨感錄二十八》中，集中闡述了自己的民治思想：

> 既然叫做共和政體，既然叫做中華民國，那麼有幾句簡單的話要奉告我國民。
>
> 民國的主體是國民，決不是官，決不是總統。總統是國民的公僕，不能叫做「元首」。
>
> 國民既是主體，則國民的利益，須要自己在社會上費了腦筋費了體力去換來。公僕固然不該殃民殘民，卻也不該仁民愛民。公僕就是有時僭妄起來，不自揣量，施其仁愛，但是做國民的決不該受他的仁愛。——什麼叫做仁民愛民呢？像貓主人養了一隻貓，天天買魚腥給他吃。這就是仁民愛民的模型。
>
> 既在二十世紀建立民國便該把法國美國做榜樣，一切「聖功、王道」和「修、齊、治、平」的鬼話，斷斷用不

---

[38] 《兩地書》原信七十一，1926年10月23日。《兩地書全編》，浙江文藝出版社，1998年，第515頁。

著再說。

中華民國既然推翻了自五帝以迄滿清四千年的帝制，便該把四千年的「國粹」也同時推翻。因為這都是與帝制有關係的東西。

民國人民，一律平等；彼此相待，止有博愛，斷斷沒有什麼「忠、孝、節、義」之可言。[39]

1923年7月1日是張勳復辟六周年紀念日，錢玄同在致周作人信中採用「新衛道」的概念，再一次恢復他在《新青年》時代表現過的單邊絕對的極端情緒：

我近來很動感情，覺得二千年來的國粹，不但科學沒有，哲學也玄得利害，理智的方面毫無可滿足之點，……我近來很有「新衛道」的心理，覺得彼等實在不宜於現在的青年，實在也是一種「受戒的文學」。因此覺得說來說去，畢竟還是民國五六年間的《新青年》中陳仲甫的那些西方化的話最為不錯，還是德謨克拉西和賽恩斯兩先生最有道理。……我始終是一個功利主義者，這個意思你以為然否？[40]

7月9日，錢玄同在致周作人信中談到自己與周氏兄弟當年在「紹興會館的某院子中槐樹底下所談的偏激話的精神」，即「燒

---

[39] 沈永寶編《錢玄同五四時期言論集》，東方出版中心，1998年，第95-96頁。

[40] 引自周作人《錢玄同的復古與反復古》，原載政協文史資料研究委員會編《文史資料選輯》第94期，文史資料出版社，1984年。見鐘叔河編《周作人文類編》第10卷《八十心情：自敘·懷人·記事》，湖南文藝出版社，1998年，第469-486頁。

毀中國書之偏謬精神」。他認為「陳獨秀一九一五年——一九一七的《新青年》中的議論，現在還是救時的聖藥。現在仍是應該積極去提倡『非聖』『逆倫』，應該積極去剷除『東方化』。總而言之，非用全力來『用夷變夏』不可。」[41]

正是懷著這份再度啟動的「偏謬精神」，錢玄同在8月19日致周作人信中又一次對胡適表示異議：

> 我近來廢漢文漢語的心又起了，明知廢漢文容有希望，而廢漢語則不可能的。但我總想去做。……我近來覺得這幾年來的真正優秀分子之中，思想最明白的人卻只有二人：①吳敬恒，②陳獨秀是也。雖然他倆在其他種種主張上我們不表同意的也有——或者也很多。但就「將東方化連根拔去，將西方化全盤採用」這一點上，我是覺得他倆最可佩服的。關於這一點上，梁啟超固然最昏亂，蔡元培也欠高明，胡適比較的明白，但思想雖清楚，而態度則不逮吳、陳二公之堅決明瞭，故也略遜一籌。[42]

---

[41] 引自周作人《錢玄同的復古與反復古》，鐘叔河編《周作人文類編》第10卷《八十心情：自敘・懷人・記事》，第481頁。

[42] 《中國現代文藝資料叢刊》第5輯，第346頁。與錢玄同的說法相印證，胡適在1923年12月19日的日記中檢討說：「此次北大二十五周年紀念的紀念刊，有黃日葵的《在中國近代思想史演進中的北大》一篇，中有一段，說『五四』的前年，學生方面有兩大傾向：一是哲學文學方面，以《新潮》為代表，一是政治社會方面，以《國民雜誌》為代表。前者趨向國故的整理，從事於根本的改造運動；後者漸趨向於實際的社會革命運動。前者隱然以胡適之為首領，後者隱然以陳獨秀為首領。……最近又有『足以支配一時代的大分化在北大孕育出來了』。一派是梁漱溟，一派是胡適之；前者是徹頭徹尾的國粹的人生觀，後者是歐化的人生觀；前者是唯心論，後者是唯物論；前者是眷戀玄學者，後者是崇拜科學的。這種旁觀的觀察，——也可說是身歷其境，身受其影響的人的觀察，——是很有趣的。我在這兩個大分化裡，可惜只有從容漫步，一方面不能有獨秀那樣狠幹，一方面又沒有漱溟那樣蠻幹！所以我是很慚愧的。」胡適的「慚愧」在很大程度上

同樣是懷著這份「偏謬精神」，錢玄同在1925年5月10日致胡適信中，對自己的恩師章太炎主編的《華國》第38期加以激烈抨擊，希望胡適挺身而出充當「思想界之醫生」，為思想界打些「防毒針和消毒針」。

　　與《新青年》時代稍有不同的是，此時的錢玄同多了一份自知之明，不再挺身而出充當衝鋒陷陣的急先鋒：「錢玄同是『銀樣蠟槍頭』，心有餘而力沒有（還配不上說『不足』），儘管叫囂跳突，發一陣子牢騷，不過贏得一班豬玀冷笑幾聲而已，所以不得不希望思想、學問都狠優越的人們來幹一下子。」[43]

　　1934年8月10日，《文化與教育》旬刊第27期刊登刊記者熊夢飛的文章《記錢玄同先生關於語文問題談話》，在談到「《新青年》第四卷某期中有錢先生一篇主張廢除漢字，而代以世界語（Esperanto），或英德法語的通信，害得那時一班新舊人物為之大驚咋舌！」時，錢玄同爆料說：

> 　　老實告訴你罷！那篇東西中的話，並非完全是我個人的意見，有幾句話是「代朋友立言」的。朋友是誰？就是魯迅先生。
>
> 　　民國六七年我對於文學革命，乃至文化改革，有過極高度的狂熱，有一天，到紹興會館裡去訪魯迅先生，我與他原是在章太炎先生門下的老同學，我們談到文學革命了，我還是說那改用白話文和普及世界語的主張。魯迅

是被黃日葵等人短暫「悍」化的表現，歷史事實充分證明，只有在以人為本的權為民所賦、權由法所定的前提下循序漸進即「從容漫步」，才是人類社會最為切實有效的發展路徑。
[43] 耿雲志主編《胡適遺稿及秘藏書信》第40冊，黃山書社，1994年12月，第352頁。

說：「中國的語言根本就要不得，文法是那樣的粗疏，字義是那樣的昏亂，要想拿它來發表精密的思想，記載新時代的事物，是絕不能勝任的。」

我說：「目前只要把桐城謬種和選學妖孽去掉，便是一大解放。一面鼓吹大家學世界語，等到世界語普及了，便可廢除漢字了。」

魯迅似乎不大看得起世界語，他是學德文的，他說：「德文便很好。因為文法很麻煩。」他是認為文法麻煩即愈精密的。他又說：「法文也還可用。唯有英文最不行，因為文法太簡單了，但英文的文法和字義，較之中國語言文字，固已遠勝。現在中國最好改用一種外國文字如德文；若辦不到，則仍寫漢字而多攙入外國文的字句，則當可勉強對付著用。」

我聽了他這話，便慫恿他把這用一種外國文來代漢文的主張做篇文章，登在《新青年》上，他一定不肯。我說：「那麼，我來發表吧。」他說：「不能說是我的主張。」

我覺得那不好辦，於是改變方針，把他的主張和我的主張混在一起，寫成那篇通信。所以那信裡大罵舊文化，大罵漢字，主張漢字應即廢滅而代以世界語，卻沒有主張用一種外國文——如德文——來代漢文，因為我心中實在不贊同此說也。但又想了用一種外國文為輔助語的辦法。此信的最後，又把魯迅「仍寫漢文而多多攙入外國文的字句」之主張說出，而改外國文為世界語，這又是混兩人主張為一。但此節中竟露出「友人周君」四字，此周君即豫才，亦即魯迅。

明白了這樣一個歷史事實，就不難理解被堅持文言文寫作的教育總長章士釗明令免職的魯迅，在寫於1926年5月10日的《二十四孝圖》中反復念誦的黑暗咒文：

> 　　我總要上下四方尋求，得到一種最黑，最黑，最黑的咒文，先來詛咒一切反對白話，妨害白話者。即使人死了真有靈魂，因這最惡的心，應該墮入地獄，也將決不改悔，總要先來詛咒一切反對白話，妨害白話者。
>
> 　　……只要對於白話來加以謀害者，都應該滅亡！
>
> 　　……只要對於白話來加以謀害者，都應該滅亡！[44]

　　1927年2月18日，已經與《新青年》同人中的陳獨秀、胡適、錢玄同、劉半農、陶孟和、沈尹默、周作人或斷絕來往或反目成仇的魯迅，在標題為《無聲的中國》的演講稿中，以歷史當事人的身分把「胡適之先生所提倡的『文學革命』」的第一功績，坐實在了錢玄同身上：「這是怎麼一回事呢？就因為當時又有錢玄同先生提倡廢止漢字，用羅馬字母來替代。這本也不過是一種文字革新，很平常的，但被不喜歡改革的中國人聽見，就大不得了了，於是便放過了比較的平和的文學革命，而竭力來罵錢玄同。白話乘了這一個機會，居然減去了許多敵人，反而沒有阻礙，能夠流行了。」[45]

　　1935年8月14日，晚年魯迅又在《五論「文人相輕」──明術》中高調讚美了錢玄同連同他自己的「極利害，極致命的法術」：

44　《魯迅全集》第2卷，人民文學出版社，1981年，第251-252頁。

45　《魯迅全集》第4卷，第13頁。

五四時代的所謂「桐城謬種」和「選學妖孽」，是指做「載飛載鳴」的文章和抱住《文選》尋字彙的人們的，而某一種人，確也是這一流，形容愜當，所以這名目的流傳，也較為永久。除此之外，恐怕也沒有什麼還留在大家的記憶裡了。到現在，和這八字可以匹敵的，或者只好推「洋場惡少」和「革命小販」了罷。前一聯出於古之「京」，後一聯出於今之「海」。創作難，就是給人起一個稱號或諢名也不易。假使有誰能起顛撲不破的諢名的罷，那麼，他如作評論，一定也是嚴肅正確的批評家，倘弄創作，一定也是深刻博大的作者。[46]

　　這裡的「洋場惡少」，是魯迅加在並沒有多少劣跡惡行的施蜇存身上的「諢名」；「革命小販」是他加在公開登報宣佈退黨的前左翼戲劇家聯盟黨團書記楊邨人身上的「諢名」。按照錢玄同的說法，由他公開提出的「諢名」——「桐城謬種」和「選學妖孽」——其實是魯迅、周作人兄弟與他一道在紹興會館槐樹底下暢談出來的「偏謬」話語的一部分。

第七節　胡適與錢玄同的後續交往

　　儘管錢玄同對胡適的立異求同的折中態度有所不滿，他當年在公開發表的《回語堂的信》中，對於胡適還是比較推崇的：「我以為若一定要找中國人做模範，與其找孔丘、墨翟等人，不

---

[46] 《魯迅全集》第6卷，第384頁。

如找孫文、吳敬恒、胡適、蔡元培等人。」[47]

1933年，胡適專門引述國民黨元老、基督徒法學家徐謙說給蔡元培的一番話，來解釋包括錢玄同在內的一部分左傾激進人士的「偏謬精神」：

> 我本來不想左傾。不過到了演說臺上，偶然說了兩句左傾的話，就有許多人拍掌。我不知不覺的就說得更左一點，台下拍掌的更多更熱烈了。他們越熱烈得拍掌，我就越說越左了。[48]

徐謙的「越說越左」，指的是他在女師大學潮和因孫中山逝世而引發的黨派鬥爭中的諸多高調表現。同樣是「越說越左」，錢玄同在《新青年》時代及1925年北京學潮中所遭受的外部刺激，主要不是來自「台下拍掌」，而是來自「某籍某系」的沈尹默、沈兼士、馬幼漁、魯迅、周作人、孫伏園、章廷謙等人推波助瀾的反復刺激。

關於這一點，孫伏園在《呈疑古玄同先生》中介紹說：「疑古玄同先生在《新青年》上著論，以為凡四十歲以上的人都可以槍斃的了，那時胡適之先生同他訂約，說『到你四十歲生日，我將贈你一首新詩，題曰手槍。』……疑古先生所致力的學問是再專門不過的，與人生日用可以說是絕少關係，但在這學問中也要表示他那極端的思想。……他時時刻刻防備舊勢力的發展，時時刻刻擔心新勢力之薄弱，所以他的目標幾乎完全是對付舊勢力

---

[47] 《語絲》第23期，1925年4月20日。
[48] 胡適：《福建的大變局》，《獨立評論》第79號，1933年12月3日。

的，最先的一步功夫就是把舊訓成俗所早經安排妥當了的東西壓根兒搗亂，這就完成了沈先生送他的標語『端午吃月餅，中秋吃粽子。』」[49]

孫伏園所說錢玄同在《新青年》發表文章「以為凡四十歲以上的人都可以槍斃的了」，其實是一種以訛傳訛。查閱《新青年》雜誌，錢玄同當年並沒有正式發表過相關言論。「以為凡四十歲以上的人都可以槍斃的了」的原始出處，是日本古僧吉田兼好《徒然草》上卷第七章：「於不得常住之世，而待老醜之必至，果何為哉！壽則多辱。至遲四十以前合當瞑目，此誠佳事也。」這段譯文出自周作人的《〈徒然草〉抄》，文載1925年4月13日出版的《語絲》週刊第22期。

不過，早在七、八年前的《新青年》時代，吉田兼好的相關言論，已經成為錢玄同與周氏兄弟在紹興縣會館槐樹底下談論偏激話時的口頭禪。關於這一點，周作人在《中年》一文中感慨說：

> 孔子曰，「四十而不惑。」吾友某君則云，人到了四十歲便可以槍斃。兩樣相反的話，實在原是盾的兩面。合而言之，若曰，四十可以不惑，但也可以不不惑，那麼，那時就是槍斃了也不足惜云爾。……
>
> 無如人這動物是會說話的，可以自稱什麼家或主唱某主義等，這都是別的眾生所沒有的。我們如有閒一點兒，免不得要注意及此。譬如普通男女私情我們可以不管，但如見一個社會棟梁高談女權或社會改革，卻照例納妾等

---

[49] 《京報副刊》第287號，1925年10月2日。「沈先生」就是有「鬼谷子」和「陰謀家」之稱的北大教授、國民黨資深黨員沈尹默。

等，那有如無產首領浸在高貴的溫泉裡命令大眾衝鋒，未免可笑，覺得這動物有點變質了。我想文明社會上道德的管束應該很寬，但應該要求誠實，言行不一致是一種大欺詐，大家應該留心不要上當。我想，我們與其偽善還不如真惡，真惡還是要負責任，冒危險。[50]

　　這裡的「吾友某君」就是錢玄同。「照例納妾」的「社會棟梁」，影射的是已經與許廣平婚外同居的「左聯」盟主魯迅。「浸在高貴的溫泉裡命令大眾衝鋒」的「無產首領」，影射的是此前帶頭圍攻過魯迅與周作人兄弟、當時正在日本泡溫泉的成仿吾。

　　到了1933年4月17日，48歲的周作人在為《周作人書信》寫作的「序信」中，再一次借用吉田兼好的說法攻擊魯迅及其《兩地書》道：「沒有辦法，這原不是情書，不會有什麼好看的。這又不是宣言書，別無什麼新鮮話可講。反正只是幾封給朋友的信，現在不過附在這集裡再給未知的朋友們看看罷了。……兼好法師嘗說人們活過了四十歲，便將忘記自己的老醜，想在人群中胡混，私欲益深，人情物理都不復瞭解。行年五十，不免為兼好所詞，只是深願尚不忘記老醜，並不以老醜賣錢耳。」[51]

　　在魯迅一方，也在利用同樣的話題——「人到了四十歲便可以槍斃」——和同樣的理由——「言行不一致是一種大欺詐」——針對與周作人關係密切的錢玄同實施單邊絕對的黨同伐異：

---

[50] 周作人：《中年》，文載1930年3月18日天津《益世報・副刊》第88斯，署名豈明。見周作人《看雲集》，河北教育出版社，2002年，第52-53頁。

[51] 周作人：《書與尺牘——致李小峰》，刊載於1933年6月5日出版的《青年界》第3卷第4期。隨後以《周作人書信・序信》為標題，收入上海青光書局於1933年7月出版的《周作人書信》。

「作法不自斃，悠然過四十。何妨賭肥頭，抵當辯證法。」[52]

　　與熱衷於黨同伐異的「某籍某系」的魯迅、周作人、錢玄同等人不同，自覺堅持「充分世界化」的「健全的個人主義」價值觀念的胡適，流傳下來的是與錢玄同善意互動的文壇佳話。

　　1927年9月12日是錢玄同的41歲生日，由於「三一八」慘案爆發而沒有在1926年如期舉辦擬議中的「槍斃」儀式的錢玄同，在周作人、孫伏園等人鼓動下在《語絲》週刊操辦了一場「成仁紀念」。遠在上海的胡適收到錢玄同的約稿書信，奮筆寫下一首《亡友錢玄同先生成仁周年紀念歌》：

> 該死的錢玄同，怎會至今未死！
> 一生專殺古人，去年輪著自己。
> 可惜刀子不快，又嫌投水可恥。
> 這樣那樣遲疑，過了九月十二。
> 可惜我不在場，不曾來監斬你。
> 今年忽然來信，要作「成仁紀念」。
> 這個倒也不難，請先讀《封神傳》。
> 回家先挖一坑，好好睡在裡面，
> 用草蓋在身上，腳前點燈一盞，
> 草上再撒把米，瞞得閻王鬼判，
> 瞞得四方學者，哀悼成仁大典。
> 今年九月十二，到處念經拜懺，

---

[52] 魯迅：《教授雜詠》四首之一。《魯迅全集》第7卷，第435頁。據1932年12月29日《魯迅日記》：「午後為夢禪及白頻寫《教授雜詠》各一首，其一云：『作法不自斃，……。』其二云：『可憐織女星，……。』」

度你早早升天，免在地獄搗亂。[53]

　　1930年12月4日，被免除教育部長職務的蔣夢麟，在蔡元培、胡適、傅斯年、丁文江等人強力支持之下回到北京大學擔任校長。胡適因此返回北大，恢復了與錢玄同、周作人、劉半農等《新青年》舊同人的密切交往。晚年錢玄同與胡適之間最為重要的合作，是1933年12月執筆書寫由胡適為大青山「抗日陣亡將士公墓」撰稿的白話碑文《中華民國華北軍第七軍團第五十九軍抗日戰死將士墓碑》。這是中國近現代歷史上第一塊採用新式標點符號分段刻寫的白話碑文，其中寫道：「這裡長眠的是二百零三個中國好男子！他們把他們的生命獻給了他們的祖國！我們和我們的子孫來這裡憑弔敬禮的！要想想我們應該用什麼報答他們的血！」[54]

　　1937年，身患神經衰弱、高血壓、血管硬化、視網膜炎等多種病症的錢玄同，在國難當頭的困境中致信胡適，請教佛學中的幾個問題。胡適在回信中勸告說：佛教雖然是一種消極的人生觀，積極的人卻可以從中找出積極的人生觀，「尊恙正需一種弘毅的人生觀作抵抗力，切不可存一『苟延殘喘』的悲觀。」[55]

　　幾個月後，胡適遠赴美國履行國難大使的職責，從此與既精神歧異又精誠合作的錢玄同生離死別。1939年1月17日，錢玄同因腦部溢血逝世於北京家中，終年53歲。

　　總起來說，無論錢玄同身上存在多少的罪錯欠缺，無論由

---

[53] 胡適致錢玄同信，1927年8月11日。耿雲志、歐陽哲生編《胡適書信集》上冊，第396頁。
[54] 《胡適全集》第22卷，安徽教育出版社，2003年版，第114-117頁。
[55] 耿雲志、歐陽哲生編《胡適書信集》中冊，第720頁。

《新青年》雜誌所開啟的以白話文為第一目標的新文化運動有多少過失，中國大陸現行的白話語文、漢語拼音、簡體字及標點符號，大都源於錢玄同、胡適、陳獨秀、劉半農、陶孟和、沈尹默、周作人、高一涵、李大釗、魯迅等《新青年》同人的大力提倡。錢玄同對於中國近代社會的文化普及，是功不可沒的；他對於民治理想和民主制度的追求，也是始終不渝的。

第四章
胡適與劉半農的善始善終[1]

　　以「台柱」自居的劉半農，對於《新青年》雜誌由陳獨秀一人主編的普通刊物轉變成為由六名北大同事輪值編輯的同人刊物，發揮過不可替代的推動作用。但是，在相關的歷史記錄當中，劉半農在《新青年》同人團隊中的「台柱」地位，幾乎成為無人提及的歷史盲點，留在人們記憶之中的主要是魯迅關於劉半農的幾句「好話」和「壞話」。晚年周作人更是以歷史見證人身分，把劉半農與胡適善始善終的公私交往，歪曲為胡適對於劉半農的「看不起，明嘲暗諷」，從而嚴重背離了歷史事實。

第一節　《新青年》「台柱」劉半農

　　劉半農（1891-1934）原名壽彭，改名復，初字半儂，後改半農，江蘇江陰人。1901年，劉半農進入父親劉寶珊聯合楊繩武等人創辦的翰墨林小學讀書，「上半天是全讀中文，要熟讀《三蘇策論》或《古文觀止》中的文章一、二篇，要看《綱鑒易知錄》十頁；下半天是英文和算學各兩點鐘，所讀的英文是

---

[1]　本章節內容改寫自張耀杰著《北大教授與〈新青年〉——新文化運動路線圖》之第八章《劉半農與胡適的公私交往》，中國言實出版社，2007年8月出版。

《華英進階》和《英文初範》、《英文法程》，算學所用的書，是《九數通考》、《數理精蘊》、《代數術》；晚上還要看些《西學大成》、《泰西新史攬要》、《四書味根錄》、《五經備旨》……」[2]

劉半農在這所半新半舊的鄉村小學裡，初步接觸到來自歐美各國的先進文化，從而為日後成長為學貫中西的博學通才打下基礎。該校國文教師劉步洲自定標點符號的大膽嘗試，也為劉半農在《新青年》時代參與制訂白話文的標點符號埋下伏筆。

1907年，17歲的劉半農以江陰考生第一名的優異成績考取常州府中學堂，同學中有後來的新儒家代表人物錢穆、創辦《國故》月刊的張壽昆，以及中國共產黨的主要領導人瞿秋白。1911年，劉半農、錢穆、張壽昆、瞿秋白等人因參與學潮被開除學籍，劉半農便回到翰墨林小學擔任小學教員。

辛亥革命爆發後，劉半農先與二弟劉天華加入本地的青年團，隨後又離家赴清江地區參加革命軍，在一個作戰旅擔任文書和英文翻譯。戰爭結束後，21歲的劉半農返回家鄉，隨後帶著從妻弟朱組綏家裡借到的五塊大洋，與二弟劉天華一起前往上海。1912年初，劉氏兄弟加盟李君磐創辦的文明戲劇團開明劇社，劉半農任編劇兼演員，劉天華任音樂指導。

伴隨辛亥革命而盛極一時的文明戲，已經進入衰退時期，兄弟二人辛苦所得只能免於饑而不能免於寒。到了冬天，兩個人只有一件棉袍，一個人穿著出門，另一個人就躲在被窩裡取暖。

給窮困潦倒的劉半農帶來第一縷希望的，是知名劇作家、上

---

[2] 劉半農：《南歸雜話》，《新青年》5卷2號，1918年8月。

海《時事新報》編輯徐半梅。有一天，由劉半農編劇並且參與演出的《好事多磨》在上海大新街中華大戲院首演，徐半梅應邀到後臺參觀，「李君磐便領了一個十七、八歲的大孩子，到我面前說：『這一個頑童，請你給他化一化妝吧！』我便接受下來，給他畫了一副頑皮的面孔。我打聽他姓什麼，他說：『姓劉，江陰人。』」[3]

一個多月後，劉半農在《時事新報》看到由徐半梅翻譯的托爾斯泰小說，便寄去自己翻譯的一些外國小說。徐半梅把其中一篇刊登在自己編輯的版面上，另一篇推薦給中華書局的《小說界》雜誌。劉半農由此開始了將近六年的賣文生涯。

1912年夏天，劉半農經徐半梅推薦擔任上海《中華新報》特約編輯。開明劇社解散後，徐半梅又介紹劉半農到中華書局任編譯員。1913年10月13日，劉半農在《時事新報‧雜俎》發表百字小說《秋聲》，以精緻構思揭露了「辮帥」張勳參與鎮壓「二次革命」並且禍國殃民的罪行，榮獲該報第33次徵文一等獎。

1914年7月1日，劉半農發表在《小說界》的《洋迷小影》，是安徒生童話《皇帝的新裝》的第一個中文譯本。1916年5月，中華書局隆重推出由劉半農、嚴獨鶴、程小青、陳小蝶、天虛我生、周瘦鵑、陳霆銳、天侔、常覺、漁火等人共同翻譯的《福爾摩斯探案全集》，同時出版的還有劉半農的另一部譯作《乾隆英使覲見記》。

給劉半農的賣文生涯帶來決定性轉機的，是《新青年》主編陳獨秀。1916年10月，《新青年》2卷2號發表以劉半儂署名的

---

3 徐半梅著《話劇創始期回憶錄》，中國戲劇出版社，1957年，第57頁。

《靈霞館筆記》，其中收錄了愛爾蘭詩人的愛國詩歌，包括約瑟·柏倫克德的《火焰詩七首》和《悲天行三首》、麥克頓那的《詠愛國詩人三首》、皮亞士的《割愛六首》和《絕命詞兩章》。接下來，《新青年》以《靈霞館筆記》為標題連載劉半農編譯的一系列半文半白的外國詩歌及散文，與該刊連載的胡適留學日記《藏暉室箚記》相得益彰。

1917年5月，《新青年》3卷3號發表以劉半儂署名的《我之文學改良觀》，其中寫道：「文學改良之議，既由胡君適之提倡之於前，複由陳君獨秀、錢君玄同贊成之於後。不佞學識譾陋，固亦為立志研究文學之一人。除於胡君所舉八種改良、陳君所揭三大主義，及錢君所指舊文學種種弊端，絕端表示同意外，複舉平時意中所欲者，拉雜書之，草為此文，幸三君及世之留意文學改良者有以指正之。」

在這篇文章中，劉半農就韻文、散文、標點符號等諸多方面提出建設性意見，並且反思檢討了自己參與其中的「鴛鴦蝴蝶派」文學創作：

　　余居上海六年，除不可免之應酬外，未嘗一入皮黃戲館，而Lyceum Theater之Amateur Dramatic Club，每有新編之戲開演，餘必到館觀之。是餘之喜白話之劇而不喜歌劇，固與錢君所謂「舊戲如駢文，新戲如白話小說」同一見解。只以現今白話文學尚在幼稚時代，白話之戲曲，尤屬完全未經發見（上海之白話新戲，想錢君亦未必認為有文學價值之戲也）。故不得不借此易於著手之已成之局而改良之，以應目前之急。……余贊成小說為文學之大主腦，

而不認今日流行之紅男綠女之小說為文學（不佞亦此中之一人，小說家幸勿動氣）。

「Lyceum Theater之Amateur Dramatic Club」，即上海蘭心劇院的業餘戲劇俱樂部。蘭心劇院是由外國人在上海租界區建造的第一家現代化劇院，中外人士編排的「愛美的戲劇」即業餘話劇，大都是在這裡演出的。

在這篇文章末尾，陳獨秀以「獨秀識」的落款加寫編者按說：「劉君此文最足喚起文學界注意者二事：一曰改造新韻，一曰以今語作曲。至於劉君所定文字與文學之界說，似與鄙見不甚相遠。鄙意凡百文字之共名皆謂之文。文之大別有二：一曰應用之文；一曰文學之文。劉君以詩歌戲曲小說等列入文學範圍，是即余所謂文學之文也。以評論文告日記信箋等列入文字範圍，是即餘所謂應用之文也。『文字』與『應用之文』名詞雖不同，而實質似無差異。質之劉君及讀者諸君以為如何。」

1917年7月，《新青年》3卷5號發表劉半農的《詩與小說精神上之革新》，針對文壇中的「假詩世界」提出「作詩本意，只須將思想中最真的一點，用自然音響節奏寫將出來便算了事，便算極好」的革新觀念；並且以「鴛鴦蝴蝶派」小說中常見的黨同伐異、罵人有理的輕薄口吻，對於胡適率先提倡的白話新詩表示回應：

近來易順鼎、樊增祥等人，拼命使著爛汙筆墨，替劉喜奎、梅蘭芳、王克琴等做斯文奴隸，尤屬喪卻人格，半錢不值，而世人竟奉為一代詩宗。又康有為作「開歲

忽六十」一詩，長至二百五十韻，自以為前無古人，報紙雜誌，傳載極廣。據我看來，即置字句之不通，押韻之牽強於不問，單就全詩命意而論，亦恍如此老已經死了，兒女們替他發了通哀啟。又如鄉下姑娘進了城，回家向大伯小叔擺闊。胡適之先生說，仿古文章，便做到極好，亦不過在古物院中，添上幾件「逼真贗鼎」。我說此等沒價值詩，尚無進古物院資格，只合拋在垃圾桶裡。

基於文學觀念上的高度一致，北京大學文科學長陳獨秀以及校長蔡元培，破格錄用了連常州中學都沒有畢業的江南才子劉半農。1917年9月，劉半農隻身來到北京任北大預科教授。10月16日，他在寫給錢玄同的書信中表白道：

　　文學改良的話，我們已鑼鼓喧天的鬧了一鬧；若從此陰乾，恐怕不但人家要說我們是程咬金的三大斧，便是自己問問自己，也有些說不過去罷！

　　先生說的積極進行，又從這裡面說出「造新洋房」的建設，和「打雞罵狗」的破壞兩種方法來，都與我的意思吻合；雖然這裡面千頭萬緒，主張各有進出，那最大的目標，想來非但你我相同，連適之獨秀，亦必一致贊成。然前天適之說，「獨秀近來頗不起勁」，不知是何道理？

　　先生說「本是個頑固黨」。我說我們這班人，大家都是「半路出家」，腦筋中已受了許多舊文學的毒。——即如我，國學雖少研究，在一九一七年之前，心中何嘗不想做古文家，遇到幾位前輩先生，何嘗不以古文家相助；

先生試取《新青年》前後所登各稿比較參觀之，還要替一般同受此毒者洗刷，更要大大的用些加波力克酸，把未受毒的清白腦筋好好預防，不使毒菌侵害進去。這種事，說是容易，做就很難；比如做戲，你，我、獨秀，適之，四人，當自認為「台柱」，另外再多請名角幫忙，方能「壓得住座」；「當仁不讓」，是毀是譽，也不管他，你說對不對呢？[4]

　　劉半農致錢玄同的這封書信，是有據可查的關於組建《新青年》同人團隊的最早動議，其中較為真切地描述了《新青年》雜誌轉型「復活」為同人刊物的歷史現場。

　　「加波力克酸」是硫酸（sulphuric acid）的音譯。在劉半農心目中，《新青年》前後所登各稿雖然已經表現出「改變之軌轍」；但是，在文學改良方面取得的成績還遠遠不夠。作為「半路出家」和「腦筋中已受了許多舊文學的毒」的一名撰稿人，不僅需要用強硫酸來「自己洗涮自己」的靈魂，「還要替一般同受此毒者洗刷」。只有這樣，才能夠實現「文學改良」及「思想革命」的理想效果。正是基於這樣一種歷史使命感，比《新青年》主編陳獨秀更加年輕新銳的劉半農、錢玄同、胡適等人，在陳獨秀「頗不起勁」的情況下積極推動他「多請名角幫忙」，從而依託北京大學的優質資源，實現了《新青年》雜誌脫胎換骨、更新換代的轉型「復活」。

　　2005年10月，我在臺北《傳記文學》發表《北京大學與〈新

4　《劉半農散文經典》，印刷工業出版社，2001年3月，第232頁。

青年〉編輯部》一文，隨後，我把該文錄入2006年出版的《歷史背後：政學兩界的人和事》一書，其中歸納整理出的歷史事實是這樣的：

《新青年》第四卷共六號的輪值編輯，依次是陳獨秀、錢玄同、劉半農、陶孟和、沈尹默、胡適，出版時間為1918年1至6月。第五卷共六號的輪值編輯，依次是陳獨秀、錢玄同、劉半農、胡適、沈尹默、陶孟和，出版時間為1918年7月至12月。在1919年1月出版的《新青年》6卷1號中，第一次以「本志編輯部」名義公開發表了「分期編輯表」，把各期編輯調整為陳獨秀、錢玄同、高一涵、胡適、李大釗、沈尹默。其中的高一涵、李大釗，頂替的是預備出國的陶孟和、劉半農的空缺。由於陳獨秀被變相免職和五四運動突然爆發，六卷各期沒有能夠按時出版，時間被拉長為1919年1月至11月。自1919年12月的7卷1號開始，《新青年》雜誌又恢復到由陳獨秀一人主編的原初狀態；該雜誌作為民國史上最重要的同人刊物之一種的短暫輝煌，也因此終結。[5]

遺憾的是，關於《新青年》雜誌的如此簡單的基本事實，從來沒有被相關學者講明白過，直到今天，各種各樣的所謂學術論文，依然在相互抄襲中以訛傳訛。

第二節　劉半農崇拜周作人

1917年9月19日，周作人在日記中寫道：「上午……至大學訪

---

[5] 張耀杰著《歷史背後：政學兩界的人和事》，廣西師範大學出版社，2006年，第6-7頁。

蔡先生取旁聽規則一紙，同君默往看宿舍，遇胡適之君……」[6]

「君默」指的是蔡元培、周作人的浙江同鄉，具體負責北京大學文預科的沈尹默。「宿舍」指的是位於沙灘北街馬神廟偏西靠南的一溜小平房。北大紅樓建成之前，這裡是文科教員的預備室，剛剛來到北大還沒有租房安家的陳獨秀、胡適、劉文典、林損等人，都曾經以此為家。住在北河沿預科宿舍的劉半農，連同北大學生傅斯年、羅家倫等人，課前課後常常到此聚談。

文科學長陳獨秀和文科教授朱希祖，出生於己卯年即陰曆兔年，時年39歲。胡適、劉半農、劉文典（叔雅）、林損（公鐸）出生與辛卯年，時年27歲。在這六隻兔子之外，還有最老的一隻兔子，是出生於丁卯年即1868年的北大校長蔡元培，時年51歲。北大校園中的文雅之人，稱這裡為「卯字號」；以俗為樂的普通人，便稱之為「兔子窩」。

1934年10月11日，已經改任南京中央大學史學系主任的朱希祖在日記中回憶說：「憶民國六年夏秋之際，蔡子民長校，余等在教員休息室戲談；余與陳獨秀為老兔，胡適之、劉叔雅、林公鐸、劉半農為小兔，蓋余與獨秀皆大胡等12歲，均卯年生也。今獨秀被捕下獄，半農新逝，叔雅出至清華大學，余出至中山及中央大學，公鐸又新被排斥至中央大學。獨適之則握北京大學文科全權矣。故人星散，與公鐸遇，不無感慨系之。」[7]

關於北大師生當年的聚談風尚，羅家倫另有生動回憶：

有兩個地方是我們聚合的場所，一個是漢花園北大

---

[6] 《周作人日記》影印版上冊，大象出版社，1996年，第695頁。
[7] 引自馬嘶著《學人往事》，時事出版社，2000年6月，第58頁。

一院二層樓上國文教員休息室，如錢玄同等人，是時常在這個地方的。另外一個地方是一層樓的圖書館主任室（即李大釗的房子），這是一個另外的聚合場所。在這兩個地方，無師生之別，也沒有客氣及禮節等一套，大家到來大家就辯，大家提出問題來大家互相問難。大約每天到了下午三時以後，這兩個房間人是滿的。所以當時大家稱二層樓這個房子為群言堂（取群居終日言不及義語），而在房子中的多半是南方人。一層樓那座房子，則稱之為飽無堂（取飽食終日無所用心語），而在這個房子中則以北方人為主體。李大釗本人是北方人；按飽食終日無所用心，是顧亭林批評北方人的；群居終日言不及義，是他批評南方人的話。這兩個房子裡面，當時確是充滿學術自由的空氣。大家都是持一種處士橫議的態度。談天的時候，也沒有時間的觀念。有時候從飽無堂出來，走到群言堂，或者從群言堂出來走到飽無堂，總以討論盡興為止。飽無堂還有一種好處，因為李大釗是圖書館主任，所以每逢圖書館的新書到時，他們可以首先看到，而這些新書遂成為討論之資料。當時的文學革命可以說是從這兩個地方討論出來的，對於舊社會制度和舊思想的抨擊也產生於這兩個地方。這兩個地方的人物，雖然以教授為主體，但是也有許多學生時常光臨，至於天天在那裡的，恐怕只有我和傅孟真（斯年）兩個人，因為我們的新潮社和飽無堂只隔著兩個房間。[8]

---

8 羅家倫口述、馬星野筆記：《蔡元培時代的北京大學與五四運動》，落款日期為1931年8月26日，原載臺灣《傳記文學》第54卷第5期，1989年5月，第13-21頁。

羅家倫介紹的雖然是北大文科師生於1918年10月遷入漢花園新建紅樓即北京大學第一院之後的情景，北大師生在此之前聚談於「卯字號」的精神面貌大致相同。

　　1917年10月24日，周作人在日記中寫道：「陰，上午往大學。因無講義停課。訪蔡先生觀龜甲獸骨文字。下午⋯⋯寄玄同函。以域外小說二部留校轉交劉、胡二君。」

　　11月13日，周作人又在日記中寫道：「下午往校研究所開會。認定改良文字問題及小說二項。遇胡適之、劉半農二君，六時返寓。」

　　這是周作人與劉半農有據可查的最早接觸。「研究所」即在蔡元培倡議下成立的北京大學文科研究所，分哲學、國文、英文三門。《新青年》同人中的陳獨秀、胡適、錢玄同、劉半農、沈尹默、陶孟和、周作人，都是研究所的骨幹成員。其中周作人、胡適、劉半農共同選擇了「小說研究」，從而為他們之間的深入交往提供了契機。

　　1918年1月9日，劉半農第一次到紹興會館拜訪周作人，周作人在日記中寫道：「晴。⋯⋯下午往壽宅。半農電話來詢，旋來談，借去古埃及傳說集一本⋯⋯」[9]

　　同一天，魯迅在日記中寫道：「晴。下午往留黎廠付表拓本，並取已表者，工五元。寄李霞卿信。」[10]

　　1月23日，周作人在日記中寫道：「晴，上午往校，進德會記名為乙種會員。收《新青年》4卷1號8本，⋯⋯午至教育部同大哥及齊、陳二君至和記午餐。下午往壽宅，3時返。半農來

---

[9]　《周作人日記》影印版上冊，第727頁。
[10]　《魯迅全集》第14卷，人民文學出版社，1981年，第303頁。

談。晚11時去。」

同一天，魯迅在日記中寫道：「微雪。午二弟來部，並邀陳師曾、齊壽山往和記飯。午後寄季市《新青年》一冊，贈通俗圖書館、齊壽山、錢均各一冊。夜韓謙來。」

劉半農連續兩次登門拜訪，都沒有被魯迅記錄在案，除了另有事情需要處理、另有客人需要接待的客觀原因之外，更加重要的原因是魯迅當初並不看好劉半農。《魯迅日記》中第一次出現劉半農的名字，是1918年2月10日：「晴，星期休息。……晚劉半農來。」[11]

周作人在當天日記中寫道：「晚半農來，11時去。交予……小說一首，題目《童子之奇跡》，入《新青年》中。夜多爆竹，睡不甚安。」

這一天是舊曆丁巳年除夕，輪值編輯《新青年》4卷3號的劉半農，與周氏兄弟談得最多的是這期刊物的編輯思路和組稿規劃，尤其是錢玄同化名王敬軒與劉半農一唱一和、引蛇出洞的雙簧通信。在隨後出版的該期刊物中，既刊登有錢玄同化名王敬軒與劉半農的雙簧通信，也刊登有周作人翻譯的小說《童子林的奇跡》，同時還隆重推出四首以《除夕》為標題的白話新詩，作者依次是沈尹默、胡適、陳獨秀、劉半農。

劉半農在《除夕》詩中活現了自己除夕之夜與周氏兄弟的對話情景：

　　　　主人周氏兄弟，與我談天；

---

[11] 《魯迅全集》第14卷，第306頁。

欲招「繆撒」，欲造「浦鞭」，

說今年已盡，這等事，待來年。

魯迅當時還沒有在《新青年》雜誌發表作品，周作人的作品也還沒有引人注目。從這個意義上說，劉半農是把寂寂無名的魯迅、周作人兄弟隆重介紹給《新青年》的讀者以及中國文化界的第一人。

劉半農把妻子女兒接到北京後，租住在地安門內西板橋胡同，與家住東板橋50號的馬裕藻（幼漁）、陳大齊（百年）及家住東城南小街什方院43號的沈士遠、沈尹默、沈兼士兄弟相距不遠。到了1945年，周作人在《曲庵的尺牘》中回憶說：1919年1月10日，別號「曲庵」的劉半農，在標題為《昭代名伶院本殘卷》的來信中寫道：

> （生）咳，方六爺，方六爺呀，（唱西文慢板）你所要、借的書，我今奉上。這其間，一本是，俄國文章。那一本，瑞典國，小曲灘簧。只恨我，有了他，一年以上。都未曾，打開來，看個端詳。（白）如今你提到了他，（唱）不由得，小半農，眼淚汪汪。（白）咳，半農呀，你真不用功也。（唱）但願你，將他去，莫辜負他。拜一拜，手兒呵，你就借去了罷。（下）[12]

與此相印證，周作人在1919年1月10日的日記中寫道：

---

[12] 周作人著《過去的工作》，河北教育出版社，2002年，第74頁。

「陰，上午往校，得……半農函，俄國禁書一冊。……晚得重久三日賀年片，作《隨感錄》二則，大雪。」

劉半農來信中的「方六爺」，指的是他當年的主要崇拜對象之一、文壇聲譽遠遠高出同胞兄長魯迅的周作人。三年之後的1922年，魯迅在短篇小說《端午節》中把自傳性人物命名為方玄綽，就源於劉半農等人賦予魯迅的綽號「方老五」。

1952年，周作人花費一個多月時間寫作了90節《吶喊衍義》，第73節的標題為《方玄綽》，摘錄如下：

> 《端午節》這篇小說是一九二二年六月所作，……
> 這是小說，卻頗多有自敘的成分，即是情節可能都是小說
> 化，但有許多意思是他自己的。我們先看主人公的姓名，
> 名字沒有什麼意義，姓則大概有所根據的。民六以後，
> 劉半農因回應文學革命，被招到北京大學來教書，那時他
> 所往來的大抵就是與《新青年》有關係的這些人，他也常
> 到紹興縣館來。他住在東城，自然和沈尹默、錢玄同、馬
> 幼漁諸人見面的機會很多，便時常對他們說起什麼時候來
> 會館看見豫才，或是聽見他說什麼話。他們就挖苦他說是
> 像《儒林外史》裡那成老爹，老是說那一天到方家去會到
> 方老五，後來因此一轉便把方老五當作魯迅的別名，一個
> 時期裡在那幾位口頭筆下（信箋），這個名稱是用得頗多
> 的。[13]

---

[13] 周作人著、止庵編《關於魯迅》，新疆人民出版社，1997年，第264-265頁。

周作人所謂「老是說那一天到方家去會到方老五」，採用的是他所擅長的紹興師爺式的避實就虛、顛倒反復的刀筆話語，說得直白一點就是他在曲意說謊。

查勘《儒林外史》第四十六回《三山門賢人餞別 五河縣勢利熏心》和第四十七回《虞秀才重修元武閣 方鹽商大鬧節孝祠》，其中的酒糟臉、花白鬍鬚的成老爹，是五河縣的地產仲介，當時叫做「行頭」。成老爹趨炎附勢，常常把出入暴發戶方老六家裡當作一種榮耀加以宣揚，因此被家道衰落、憤世嫉俗的儒教書生虞華軒狠狠地捉弄一番。由於劉半農經常說起自己到位於北京南城的紹興會館拜訪他所崇拜的周作人及魯迅，言談之中情不自禁地流露出炫耀讚美的神態，便被周氏兄弟的浙江同鄉沈尹默、馬幼漁等人嘲笑為「成老爹」。作為劉半農主要崇拜對象的北大同事周作人，自然就成了「方老六」。由於堅持隱姓埋名的匿名寫作而在文壇聲譽方面遠遠遜色於周作人的魯迅，因此成為朋友圈子裡的「方老五」。

1949年之後的周作人，已經成為因「漢奸」罪名而被剝奪較為正常的話語權利的「階級敵人」。在魯迅被奉為神聖不可侵犯的文化偶像的大環境下，周作人最為重要的存在價值，是以戴罪立功的方式直接參與對於魯迅的造神頌聖；他自己也需要借助魯迅的神聖招牌賺取稿費養家糊口。於是，委曲求全的周作人，充分發揮紹興師爺式的避實就虛、顛倒反復的看家本領，把自己作為劉半農的主要崇拜對象的歷史事實，移花接木、張冠李戴地嫁接到魯迅頭上。當年並不複雜的歷史事實，就是這樣被周作人曲意改寫的。

儘管如此，周作人化名「十山」的專欄文章《吶喊衍義》，

依然沒有逃脫慘遭腰斬的命運。1952年3月16日，上海《亦報》編輯部刊登一句話啟事：「《吶喊衍義》自今日起不再發刊。」共有90節的《吶喊衍義》，至此才公開發表29節。對於只會寫文章賺取生活費用的周作人來說，像這樣的精神打擊的嚴重程度，僅次於被判刑關押。

1952年4月5日，流亡美國的胡適在日記中粘貼了一紙既沒有報名也沒有日期的剪報，其中寫道：

> 周作人在上海《亦報》上寫《吶喊演義》，替魯迅的文章重加注解，也作了一部分考證，不知怎樣一來，又開罪了「共府」，突然於這月十六日無疾而終，編輯部刊登一個小小啟事說：「《吶喊演義》自今日起不再發刊。」什麼話也沒有了。從這啟事的措詞上看，可知問題相當嚴重，而臨時決定把《演義》腰斬，恐怕連周作人自己也不知罪在那裡吧？[14]

這裡的「演義」是「衍義」的誤寫。當年戴罪立功並且委曲求全的周作人，即使在文章中有所「演義」，也只能在「衍義」二字的掩護之下曲意表達。

第三節　劉半農淡出《新青年》

1918年4月26日，周作人在日記中寫道：「晴，上午往校訪

---

[14] 曹伯言整理《胡適日記》第8卷，第223-224頁。

蔡先生，說明年往俄事，下午風。……晚玄同來談，十二時半去。」[15]

周作人所說的「明年往俄事」，指的是他報名申請教育部「派遣各直轄學校教員出洋留學」的名額。

1918年6月6日，《北京大學日刊》第156號刊登《教育部訓令第三三四號》，其中寫道：「令北京大學：案查派遣各直轄學校教員出洋留學一案，前經本部規定專額，自今年起視缺額及需要情形每年酌派一次，……旋具各校分別開單呈送前來，茲特案照缺額酌量分配，派北京大學朱教授家驊、劉教授復，工業專門學校梁教員引年，高等師範學校鄧教員[萃]英，女子師範學校楊教員蔭榆、沈教員葆德出洋留學……」

在同一天的《北京大學日刊》中，還有一篇《派譴教員出洋之經過情形》，其中介紹說：教育部因派各國立學校教員出洋留學，前曾通令各校開呈名單以便分配。本校接部令後，即在日刊宣佈，請教員願意留學者報名。當時報名者人數甚多，遂開學長會議審查一次，按本校教務上之需要及志願者之素養，擇其尤為急需而較為適宜者八人，開單呈部，計朱家驊教授（願往瑞士研究地質學）、劉復教授（願往瑞士研究言語學）、陳大齊教授（願往美國研究實驗心理學）、周作人教授（願往俄國研究東歐近代文學）、丁緒寶助教（願往美國研究實驗物理學）、李續祖教授（願往美國研究植物學）、張崧年助教（願往美國研究圖書館管理法）、李芳助教（願往美國研究工商管理法）。現朱、劉二教授已蒙派定，其餘六人如再出有缺額，聞亦有被派之希望云。

---

[15] 《周作人日記》影印版上冊，第746頁。

奇怪的是，劉半農（複）得到名額後並不急於出國留學。1919年8月2日，教育部為此事專門下發第293號訓令：「劉復留校現已一年期滿，該員本年是否定期出發，仰即迅速據實呈複，以憑核辦。」[16]

劉半農接到這份訓令之後，才著手安排出國事宜。直到1920年2月7日，他才偕妻子朱蕙和長女小蕙從上海啟程赴歐洲留學。自從1919年1月退出《新青年》編輯部之後，劉半農一年之中只在該刊發表過一篇《什麼話》和三首白話詩，前者刊登於陳獨秀編輯的6卷1號，後者刊登於錢玄同代替沈尹默編輯的6卷6號。在此期間，劉半農在其他報刊發表各類作品10多篇。

關於劉半農淡出《新青年》雜誌的第一手文獻資料，出自2002年影印出版的《錢玄同日記》。

1918年11月23日，胡適的母親馮順弟去世，他和妻子江冬秀於11月25日啟程回安徽績溪奔喪。1919年1月10日左右，胡適把江冬秀送回位於安徽旌德縣江村的娘家，然後從安徽旌德縣城出發，經蕪湖、上海、南京返回北京。同行的有侄子胡思聰和江冬秀的堂弟江澤涵。

1919年1月22日，錢玄同在日記中記錄了胡適的思想動向：「適之此次來京，路過南京、上海，不知怎樣捱了人家的罵，一到就和獨秀說，有人勸我，為什麼要同這班人合在一起……」[17]

這則日記沒有寫完就被塗抹。兩天後的1月24日，錢玄同在日記中寫道：「午後三時半農來說，已與《新青年》脫離關係，其故因適之與他有意見，他又不久將往歐洲去，因此不復在《新

16　徐瑞嶽編著《劉半農年譜》，中國礦業大學出版社，1989年11月，第65頁。
17　《錢玄同日記》第4卷，福建教育出版社，2002年，第1749頁。

青年》上撰稿。」

接著這段話，錢玄同介紹了劉半農的精神面貌：

> 半農初來時專從事於新學。自從去年八月以來頗變往
> 昔態度，專為在故紙堆裡討生活，今秋赴法擬學言語學。
> 照半農的性質實不宜於研究言語學等等沉悶之學。獨秀勸
> 他去研究小說、戲劇，我與尹默也很以為然。日前曾微勸
> 之，豫才也是這樣的說。他今日談及此事頗為我等之說所
> 動。四時頃逖先來，逖先也勸半農從事文學。逖先自己擬
> 明秋赴法，也是想研究文學。……逖先問我究竟怎樣的志
> 願。我年來神經衰弱精力委頓，……向上之心雖未消滅
> 而進行之象毫無表現。然平日亦未嘗不有一種打算，萬一
> 身子漸漸好起來，則必漸漸實行。今日即以此志願告逖先
> ——大學教授滿五年有出洋考察的資格。我必靜候取得此
> 資格之時方始出洋。[18]

同樣是在1919年1月24日，胡適給筆名知非的《國民公報》
社長、研究系骨幹藍公武寫信說：

> 十一月底，我因母喪回南，到此時才回北京。到京
> 以後，高一涵先生告訴我說，貴報近來極力贊成我們的主
> 張，他並且檢出許多舊報來給我看。我看了先生的白話文

---

[18] 《錢玄同日記》第4卷，第1751頁。此段話的後半部分「續一月廿四」被誤編移
植到了第1739頁。「逖先」即與錢玄同、魯迅、周作人同為章太炎弟子的北大教
授朱希祖。

章，心裡非常喜歡，新文學的運動從此又添了一個有力的機關報了。

　　先生答傅孟真的信裡，曾說過要就那意見不同之處與我商榷討論。這是我所極歡迎的。先生因為不曾見我主張的全體，所以不肯輕易下筆。這更可見先生的慎重將事。本年的新青年我這裡還有一部全份，可以借觀。如先生要看，可叫送報人來取。最好是請先生把所要與我討論的幾點作成論文，送給《新青年》登載。[19]

　　藍公武收信後，圍繞著《新青年》雜誌所討論的貞操問題、拼音文字問題、革新家態度問題給胡適寫作了一系列回信，自1919年2月11日起在《國民公報》連續發表，並且由同屬研究系的上海《時事新報》陸續轉載。在談到「革新家態度問題」時，藍公武寫道：

　　　　講到《新青年》的缺點，有許多人說是罵人太過，吾卻不是如此說。在中國這樣混濁社會中講革新，動筆就會罵人，如何可以免得。不過這裡頭也須有個分別，辯駁人家的議論說幾句感情話，原也常有的事，但是專找些輕佻刻薄的話來攻擊個人，這是中國自來文人的惡習，主張革新思想的，如何自己反革不了這惡習慣呢？
　　　　像《新青年》通信欄中常有這種筆墨，令人看了生厭。本來通信一門是將彼此辯論的理由給一般人看的，並

19　《胡適致藍志先先生書》，《新青年》6卷4號，1919年4月。見歐陽哲生編《胡適文集》第2冊，北京大學出版社，1998年，第82頁。

不是專與某甲某乙對罵用的，就便罵得很對，將某甲某乙罵一個狗血噴頭，與思想界有什麼好處呢？難道罵了他一頓，以後這人就不會有這樣的主張了麼？卻反令傍觀者生厭，減少議論的價值，吾敢說新青年如果沒有這幾篇刻薄罵人的文章，鼓吹的效果，總要比今天大一倍。吾是敬愛新青年的人，很望以後刪除這種無謂的筆墨，並希望劉半儂先生也少說這種毫無意思的作揖主義。[20]

《作揖主義》是劉半農發表在由他和錢玄同代替沈尹默編輯的《新青年》5卷5號的一篇「刻薄罵人」的遊戲文章，其中寫道：

有位尹先生，是我一個畏友。他與我們談天，常說「生平服膺紅老之學」。「紅」就是《紅樓夢》；「老」就是《老子》。這「紅老之學」的主旨，簡便些說，就是無論什麼事，都聽其自然。

聽其自然又是怎麼樣呢？尹先生說：「譬如有人罵我，我們不必還罵。他一面在那裡大聲疾呼的罵人，一面就是他打他自己。我們在旁邊看著，也狠好，何必費著氣力去還罵他？又如有一隻狗，要咬我們，我們不必打他，只是避開了就算，將來有兩隻狗碰了頭，他自然會互咬起來。所以我們做事，只須抬起了頭，向前直進，不必在這『抬頭直進』四個字以外，再管什麼閒事。這就叫作聽其自然，也就是『紅老之學』的精神。」

---

[20] 藍公武答胡適之書《革新家之態度問題》，《時事新報》1919年2月28日、3月1日。另見胡適輪值編輯的《新青年》6卷4號，1919年4月。

我想這一番話，很有些同Tolstoi的「不抵抗主義」相像，不過尹先生換了個「紅老之學」的遊戲名詞罷了。……既如此，我也要用些遊戲筆墨，造出一個「作揖主義」的新名詞來。

接下來，劉半農列舉了他分別對付七位客人——前清遺老、孔教會會長、京官老爺、北京的評劇家、上海的評劇家、玄之又玄的鬼學家、王敬軒先生——的「作揖主義」新辦法：「照例向他作了個揖說：『老先生的話，很對很對。領教了，再會罷。』」

文章中的「尹先生」指的是沈尹默。在這篇文章末尾，另有錢玄同以「玄同附記」落款的贊同表態：「半農發明這個『作揖主義』，玄同絕對的贊成；以後見了他們諸公，也要實行這個主義。」

由此可知，這篇《作揖主義》與錢玄同此前化名王敬軒與劉半農聯手炮製的雙簧通信一樣，是劉半農、錢玄同、沈尹默等人的集體智慧的結晶。

藍公武的一系列「答胡適之書」發表之後，周作人於1919年2月13日就自己翻譯的與謝野晶子《貞操論》一文寫了一封「答藍志先書」；藍志先為此寫了一封「答周作人書」。3月23日，胡適也寫作一封「答藍志先書」，並且把這些來往書信合在一起錄入由他輪值編輯的《新青年》6卷4號。胡適在「答藍志先書」中寫道：

先生說，「我們今日正應當以身作則，矯正舊惡習，（就是把自己的虛榮心看作第一層，真理反在第二層的惡習，）開出個討論真理的基礎來，才有改革可言。至於主

張上的成敗，到還是第二層的問題。」這真是我們自命為革新家的人所應該遵守的態度。我對於這個態度問題，也曾有一次宣言，現在且把這段宣言鈔在下面，做我這篇答書的結束：

人類的見解有個先後遲早的區別。我們深信是「天經地義」了，旁人還不信這是「地經地義。」我們有我們的「天經地義，」他們有他們的「天經地義。」輿論家的手假，全在用明白的文字，充足的理由，誠懇的精神，要使那些反對我們的人不能不取消他們的「天經地義，」來信仰我們的「天經地義」。所以我們將來的政策，主張儘管趨於極端，商論定須平心靜氣。（五卷八三頁）

這裡的「五卷八三頁」，指的是由陳獨秀輪值編輯的《新青年》5卷1號第83頁刊登的汪懋祖與胡適的來往通信。只是像胡適這樣「主張儘管趨於極端，商論定須平心靜氣」的理想「政策」，與陳獨秀、錢玄同、劉半農、沈尹默等人所習慣的單邊絕對、黨同伐異是很難相容的。在這種情況下，《新青年》同人團隊內部的意氣之爭在所難免。

相關資料顯示，《新青年》同人團隊中因為與胡適產生分歧而宣佈脫離的第一人，並不是劉半農，而是錢玄同。1918年8月20日，胡適在致錢玄同信中寫道：「適意吾輩不當罵人，亂罵人實在無益於事。……至於老兄以為若我看得起張謬子，老兄便要脫離《新青年》，也未免太生氣了。」[21]

---

[21] 《胡適來往書信選》上冊，中華書局，1979，第24頁。這封信的落款是「廿夜」，《胡適來往書信選》把寫作日期認定為1919年2月20日，北京大學出版社

事實上，劉半農與錢玄同一樣，並沒有因為與胡適產生意見分歧就當真「與《新青年》脫離關係」。劉半農、錢玄同、胡適之間的後續交往，反而是《新青年》舊同人中間善始善終的一種範例。

第四節　劉半農對胡適的認錯致敬

關於胡適與劉半農之間的精神歧異，錢玄同在1920年9月19日致周作人信中介紹說：

> 擺倫生平有一種惡習：就是沒有屹然自立的雄心，處處要依賴人。我以為我們應該服膺聖訓「君子和而不同」一語。譬如朋友氣味相合，「以文會友，以友輔仁」，這是很好的。要是有依賴他人的行為，有結黨成群的意味，別說幹壞事，就是幹好事亦是不足取。
>
> 勛壽前此屢說「我們幾個謬種」，屢遭尹默之匡正，我以為尹默是不錯的。即如「雙簧」等行為，偶爾興到，做他一次，尚無妨事，然不可因此便生結黨成群之心理。……所以我以為勛壽要和Dr打筆墨官司，似乎有點無謂。要是他再依賴我們，叫我們替他搖旗吶喊，那就更無聊了。您以為然否？
>
> 「讀水滸」，我是有些不願「附驥尾」的。[22]

的《胡適書信集》，又把寫作日期認定為1919年的「7、8月間」。該信的實際寫作時間為1918年8月20日。

[22] 《中國現代文藝資料叢刊》第5輯，上海文藝出版社，1980年4月，第319-322頁。

9月25日，錢玄同在致周作人的另一封書信中寫道：「擺倫的《讀水滸》一文，也收到了。我尚未將該文拜讀。但拜讀之後，仍擬寄還給您，請您寄去給獨秀。因為胡適之那篇考證之中，有駁我說金聖歎偽造『古本』之語，偏偏半翁此文之中，也有和我『賡同調』之語，若由我寄去，則Dr將疑我為借半翁為典韋所持之兩人矣。（此典均見石印《繡像三國志演義》中。）我對於這種不要緊的事，說過就算，實不高興多辯。即使要辯，也必和Dr直接辯論，不願蒙典韋之嫌疑也。若由你寄去，則半翁此文，本是寄給你的，Dr又沒有送《水滸》給你，他那考證中又無駁你的話，可以全無嫌疑也。故所以我也寄還給你也。」

　　這裡的「擺倫」、「勳壽」、「半翁」，指的是當時在英國留學的劉半農。Dr就是支持亞東圖書館的汪原放採用新式標點符號點校《水滸傳》、並且為新版《水滸傳》寫作長篇序言的胡適。「典韋所持之兩人」，指的是《三國演義》中曹操的猛將典韋，在失去武器情況下奮力提起兩個軍人充當迎戰敵人的人肉武器。

　　查1920年9月18日《周作人日記》，其中有「晚得半農八月九日函，並《讀水滸》稿一份」的記錄。

　　9月19日有「寄玄同函」的記錄。

　　9月22日有「得玄同函並《水滸》四冊」的記錄。

　　9月25日有「得玄同寄三函」的記錄。

　　10月4日項下又有「上午寄仲甫稿一卷」的記錄。

　　查閱《新青年》雜誌，劉半農寄給周作人的這篇與胡適「打筆墨官司」的《讀水滸》，並沒有被陳獨秀安排發表。陳獨秀倒是在同年10月的8卷2號刊登了劉半農以劉復署名的白話詩《牧

羊兒的悲哀》、《地中海》、《登香港太平山》。在1921年5月的9卷1號刊登有劉半農的白話詩《倫敦（一首昏亂的詩）》。在1921年8月的9卷4號中，還發表有劉半農的白話詩《奶娘》、《一個小農家的暮》、《稻棚》、《回聲》、《夏天的黎明》。

劉半農在寫作與胡適「打筆墨官司」的《讀水滸》的同時，還於1920年9月25日給胡適直接寫信，頗為誠懇地表白說：

> 我們有九個多月不見了。想到我在北京時，常常和你討論（有時是爭論）詩。……上面說了許多話，其實只說得一句，便是請你「多做」。尹默是個懶鬼（鬼者，鬼谷子之省文）。除非他自己做，你便用鞭子打，他也不做。起孟本來不專心做詩；不過偶然興到，做一兩首，卻很好，很別致。所以尹默是催也沒用，起孟是無需催得，惟有你，既是「榨機」，又是白話詩的發難者，卻不可聽你懶。
>
> 我是向來喜歡胡謅的。到了倫敦，已謅了好多首，寄在仲甫處。其中有幾首描寫小孩子的，似乎別有趣味；如果你看見，請你評論評論。[23]

接下來，劉半農對胡適認錯致敬道：「在《時事新報》上，看見你一封信，和胡懷琛的許多東西。從前在北京常聽你說『不值得一駁』。我心中很不以為然，以為天地間竟有不值得一駁的東西？到看了這位南社詩人的雅論，我才曉得我從前的不

---

[23] 劉半農致胡適，引自劉小蕙著《父親劉半農》，上海人民出版社，2000年9月，第218-221頁。

是！⋯⋯唉！不要臉的人，天地間原是有的，我何必苦苦的責備他？」

在這封長信的後半部分，劉半農一邊要求胡適寄贈《嘗試集》和《國語講義》兩本著作；一邊以同人身分對於「《新青年》已經收回自辦」的「辦法」表示關切；同時還對周作人（起孟）和錢玄同等人的不肯回信表示「氣悶」。

1921年9月15日，劉半農又從巴黎給胡適寄來一封信，說是「六月前接到你寄的《新青年》，直到今天才能寫信說聲『多謝』，也就荒唐極了。但自此以後，更沒有見過《新青年》的面。」[24]

由此可以見出，幾乎所有的《新青年》同人，對於遠在異國的劉半農都沒有表現出足夠的關心。正是由於這個原因，劉半農在來信中哀求說：「我近來的情形真是不得了！天天鬧的是斷炊！⋯⋯（這是件不得了的事，另有詳信在夷初處，請你向他要了看一看，救救我罷！）」

這裡的「夷初」，指的是正在帶領北京學界進行「索薪運動」的浙江籍北大教授馬敘倫。馬敘倫等人的「索薪」運動荒廢了北京多所國立學校一年半的學業，卻沒有替教職員工追索到足夠的薪水，他自己還被軍警打得頭破血流。在此後的幾年裡，遠在歐洲的劉半農及其一家五口由於得不到屬於自己的一份留學經費，一直沉淪掙紮在饑寒交迫之中。

---

[24] 《胡適來往書信選》上冊，第132頁。

第五節　魯迅與劉半農的反目成仇

　　1925年，在法國獲得博士學位的劉半農返回北大，成為以魯迅、周作人兄弟為精神領袖的《語絲》週刊的主要撰稿人；同時也成為站在以國民黨元老李石曾、吳稚暉、易培基、顧孟餘等人為首的「法日派」一邊，與圍繞在《現代評論》週刊一邊的胡適、蔣夢麟、王世傑、陳源、丁西林、唐有壬、李四光、徐志摩、高一涵等「英美派」人士，展開單邊絕對之黨同伐異的一名鬥士；並且因此與並肩作戰的周氏兄弟結下深厚情誼。僅1926年的《魯迅日記》中，就先後25次提到劉半農的名字。

　　正是由於這層關係，魯迅於1926年5月25日一連寫下兩篇應酬文章：《〈何典〉題記》和《為半農題記〈何典〉後，作》。

　　《何典》是1878年由上海申報社出版的白話章回小說，編者是上海文人張南莊化名的「過路人」，點評者是陳得仁化名的「夾纏二先生」。劉半農之所以對《何典》感興趣，是因為國民黨元老吳稚暉反覆強調從該書中學習到了一句寫作秘訣：「放屁放屁，真正豈有此理！」當時正是北京學界普遍欠薪的困難時期，劉半農和二弟劉天華在廠甸書攤意外發現這本奇書，便為它添加標點符號和相關注釋，交給李小峰主持的北新書局出版發行。

　　為打開銷路，《語絲》週刊連續刊登《〈何典〉廣告》，並且在1926年4月5日出版的第73期中，把廣告語改寫為「吳稚暉先生的老師（《何典》）出版預告」。劉半農自己還在《重印〈何典〉序》中以十分浮誇的話語讚美說，該書「無一句不是荒荒唐

唐亂說鬼，卻又無一句不是痛痛切切說人情世故。……把世間一切事事物物，全都看得米小米小，憑你是天皇老子烏龜虱，作者只一例的看作了什麼都不值的鬼東西。」

與劉半農一心一意做廣告不同，魯迅在《〈何典〉題記》中寫道：「我看了樣本，以為校勘有時稍迂，空格令人氣悶，半農的士大夫氣似乎還太多。至於書呢？那是，談鬼物正像人間，用新典一如古典。三家村的達人穿了赤膊大衫向大成至聖先師拱手，甚而至於翻筋斗，嚇得『子曰店』的老闆昏厥過去；但到站直之後，究竟都還是長衫朋友。不過這一個筋斗，在那時，敢於翻的人的魄力，可總要算是極大的了。」

劉半農對於魯迅的這種評語並不滿意，據1981年版《魯迅全集》的相關注解，《何典》標點本出版時劉半農將書中一些內容粗俗的文字刪去代以空格，後來此書再版時又恢復了原文，劉半農在《關於〈何典〉的再版》一文中專門解釋說：「空格令人氣悶」這句話，現在已成過去。」[25]

魯迅在這篇題記中，還對遠在歐美各國旅行考察的胡適進行了冷嘲熱諷：「並非博士般角色，何敢開頭？難違舊友的面情，又該動手。應酬不免，圓滑有方；只作短文，庶無大過雲爾。」

在另一篇《為半農題記〈何典〉後，作》裡面，已經擁有自己的嫡系出版社北新書局的魯迅，更加明確地向胡適挑戰道：「我以為許多事是做的人必須有這一門特長的，這才做得好。譬如，標點只能讓汪原放，做序只能推胡適之，出版只能由亞東圖書館；劉半農，李小峰，我，皆非其選也。然而我卻決定要寫幾

25　《魯迅全集》第7卷，第297頁。

句。為什麼呢？只因為我終於決定要寫幾句了。」[26]

接下來，魯迅擴大目標，把攻擊矛頭指向所謂的「文士之徒」：「又有文士之徒在什麼報上罵半農了，說《何典》廣告怎樣不高尚，不料大學教授而竟墮落至於斯。」

至於是哪個「文士之徒」在哪家報刊上罵過劉半農，魯迅始終沒有點明，《魯迅全集》的注釋者也沒有能夠給出明確答案。在幾乎是查無實證的情況下，魯迅再一次把黨同伐異的攻擊目標，鎖定在筆名西瀅的北大教授陳源身上：

　　既要印賣，自然想多銷，既想多銷，自然要做廣告，既做廣告，自然要說好。難道有自己印了書，卻發廣告說這書很無聊，請列位不必看的麼？說我的雜感無一讀之價值的廣告，那是西瀅（即陳源）做的。——順便在此給自己登一個廣告罷：陳源何以給我登這樣的反廣告的呢，只要一看我的《華蓋集》就明白。主顧諸公，看呀！快看呀！每本大洋六角，北新書局發行。

1926年8月26日，魯迅與許廣平雙雙南下，他與劉半農之間從此再沒有直接主動地聯繫過。

1927年7月17日，魯迅在致章廷謙的書信中寫道：「半農不准《語絲》發行，實在可怕，不知道他何從得到這樣的權力的。我前幾天見他刪節Hugo文的案語（登《莽原》11期），就覺得他『狄克推多』得駭人，不料更甚了。《語絲》若停，實在可惜，

26　《魯迅全集》第3卷，第303頁。

但有什麼法子呢。北新內部已經魚爛，如徐志摩陳什麼（忘其名）之侵入，如小峰春台之爭，都是坍台之征。」[27]

這是魯迅明確對劉半農表示歧視性批評的較早記錄。「狄克推多」是英語Dictator的音譯，意思是專制獨裁。「陳什麼」指的是出任北新書局總編輯的《現代評論》撰稿人、北京大學的紅色教授陳翰笙。陳翰笙的祕密身分，是由中共領導人李大釗、於樹德和蘇聯大使加拉罕祕密發展的蘇聯共產國際情報人員。「刪節Hugo文的案語」，指的是劉半農發表在《莽原》第2卷第11期的譯文《〈克洛特格歐〉的後序》，其中反復表示說：「這裡是提倡宗教的話……我實在不願意譯」；「這仍是『神道設教』的愚民政策，不值得譯出」。

所謂「半農不准《語絲》發行」，是魯迅的一種「莫須有」的猜疑。擔任《語絲》週刊主編的周作人，在1927年7月29日致《語絲》同人江紹原的信中介紹說：「『語絲』社友幾乎走完，平伯將赴廣州，衣萍亦到上海去了，玄同或將赴杭，留此者只有我及國授博士劉復而已。唯該『絲』尚擬辦下去，實在也只是好事罷了。」[28]

在9月27日致江紹原信中，周作人又表示說：「小峰逗留不回，北新京局又不能負責，《語絲》殊無法維持，現在只做一日和尚撞一日鐘，等出到156期再說。」

由此可知，《語絲》週刊面臨的實際情況是「無法維持」，也就是魯迅所說的「北新內部已經魚爛」，而不是劉半農「不准《語絲》發行」。

---

[27] 《魯迅全集》第11卷，第559頁。
[28] 《周作人早年佚簡箋注》，四川文藝出版社，1992年，第25頁。

1927年7月28日，魯迅在致章廷謙信中再一次歧視性地攻擊劉半農說：「《遊仙窟》我以為可以如此印：這一次，就照改了付印。至於借得影本後，還可以連注再印一回，或排或影（石印），全是舊式，那時候，則作箚記一篇附之。至於書頭上附印無聊之校勘如《何典》者，太『小家子』相，萬不可學者也。」

在同年9月25日致台靜農信中，魯迅對於劉半農的態度明顯好轉：「九月十七日來信收到了。請你轉致半農先生，我感謝他的好意，為我，為中國。但我很抱歉，我不願意如此。諾貝爾賞金，梁啟超自然不配，我也不配，要拿這錢，還欠努力。」

陳漱渝在《「魯迅參評諾貝爾文學獎」真相》中談到，他於1989年秋天到臺灣採訪台靜農，台靜農介紹說：「1927年9月中旬，魏建功先生在北京中山公園舉行訂婚宴，北大同人劉半農、錢玄同等都前往祝賀。席間半農把我叫出去，說在北大任教的瑞典人斯文·海定是諾貝爾獎金的評委之一，他想為中國作家爭取一個名額。當時有人積極為梁啟超活動，半農以為不妥，他覺得魯迅才是理想的候選人。但是，半農先生快人快語，口無遮攔，他怕碰魯迅的釘子，便囑我出面函商，如果魯迅同意，則立即著手進行參加評選的準備，結果魯迅回信謝絕，下一步的工作便沒有進行。」[29]

1928年8月15日，魯迅在致章廷謙信中對於劉半農的態度再度惡化：「沈、劉二公，已在小峰請客席上見過，並不談起什麼。我總覺得我也許有病，神經過敏，所以凡看一件事，雖然對方說是全都打開了，而我往往還以為必有什麼東西在手巾或袖子

---

[29] 《合肥晚報》，2002年9月5日。

裡藏著。但又往往不幸而中，豈不哀哉。」

所謂「沈劉二公」，就是已經成為北平學界顯要人物的沈尹默、劉半農。在此前的8月4日，魯迅在日記中寫道：「晚因小峰邀，同三弟及廣平赴萬雲樓夜飯，同席為尹默、半農、達夫、友松、語堂及其夫人、小峰及其夫人，共十一人。」

這是魯迅與劉半農有據可查的最後一次會面。9月19日，魯迅在致章廷謙信中表現出了對於劉半農等人新任官職的熱切關注：

> 學校諸要人已見報，百年長文，半農長豫，傅斯年、白眉初長師範，此在我輩視之，都所謂隨便都好者也。玄伯欲「拉」，「因有民眾」之說，聽來殊為可駭，然則倘「無」，則不「拉」矣。嗟乎，無民眾則將餓死，有民眾則將拉死，民眾之於不佞，何其有深仇夙怨歟?!……據報，云蔡公已至首善，但力辭院長，薦賢自代，將成事實。賢者何？易公培基也。

「玄伯」即國民黨元老李石曾的侄子李宗侗，他同時也是另一位國民黨元老、時任故宮博物院院長兼農礦部長及上海勞動大學校長易培基的女婿。一身兼任北平政務委員會委員、故宮博物館秘書長、農礦部下屬開灤煤礦礦務督辦等多項官職的李宗侗，是顯赫一時的黨國新貴。魯迅、周作人兄弟在李石曾、易培基、吳稚暉、沈尹默、沈兼士一派人與蔡元培、胡適、蔣夢麟、王世傑、陳源一派人的學界鬥爭中，是明顯站在李石曾、易培基一邊的。正是在這種背景下，才會有李宗侗「拉」魯迅到北平任職的說法。

魯迅與北平方面包括劉半農、周作人、錢玄同、江紹原在內的《語絲》同人的澈底決裂，見於他1930年2月22日的致章廷謙信，其中寫道：

　　　　疑古和半農，還在北平逢人便即宣傳，說我在上海發了瘋，這和林玉堂大約也有些關係。我在這裡，已經收到幾封學生給我的慰問信了。但其主要原因，則恐怕是有幾個北大學生，想要求我去教書的緣故。

　　　　語絲派的人，先前確曾和黑暗戰鬥，但他們自己一有地位，本身又便變成黑暗了，一聲不響，專用小玩意，來抖抖的把守飯碗。……

　　　　賤胎們一定有賤脾氣，不打是不滿足的。今年我在《萌芽》上發表了一篇《我和〈語絲〉的始終》，便是贈與他們的還留情面的一棍。

　　這裡的「疑古」，指的是號稱「疑古玄同」的錢玄同。與魯迅的上述說法相對照，周作人在3月31日致江紹原信中表示說：「《萌芽》未見，但曾聞人說過。魯迅精神異常，我久與之絕，其所說似無計較之必要，又知寄信去給該月刊則更不值得矣。魯曾說北大學生叫他來教書，錢玄劉半因怕奪他們的飯碗，故造謠說他發瘋云云，即此一端可以見其思路之紛亂了。」

第六節　劉半農與胡適的善始善終

　　1932年6月18日，魯迅在致台靜農信中寫道：「北平的情

形，我真是隔膜極了。劉博士之言行，偶然也從報章上見之，真是古怪得很，當做《新青年》時，我是萬料不到會這樣的。」

同年11月11日，魯迅因為母親生病赴北平看望。11月20日，他在致許廣平信中介紹說：「周啟明頗昏，不知外事。廢名是他薦為大學講師的，所以無怪攻擊我，狗能不為其主人吠乎？劉復之笑話不少，大家都和他不對，因為他捧住李石曾之後，早不理大家了。……現在這裡是『現代』派拜帥了，劉博士已投入其魔下，聞彼一作校長，其夫人即不理二太太，因二老爺不過為一教員而已云。」[30]

「劉復」和「劉博士」，指的都是劉半農，「二太太」即周作人的日本妻子羽太信子。

到了1933年初，由劉半農主編的《初期白話詩稿》由北平星雲堂書店影印出版，共收錄《新青年》八位白話詩人的詩稿原件26首，其中李大釗1首，沈尹默9首，沈兼士6首，周作人1首，胡適5首，陳衡哲1首，陳獨秀1首，魯迅2首。這些詩稿創作於1917至1919年，大都是由《新青年》輪值編輯劉半農妥善保存下來的。劉半農在《初期白話詩稿序目》中充滿感情地寫道：「魯迅先生在當時做詩署名唐俟，那時他和周豈明先生同住在紹興縣館裡，詩稿是豈明代抄，魯迅自己寫了個名字。現在豈明住在北平，魯迅住在上海，恐怕不容易再有那樣合作的機會，這一點稿子，也就很可珍貴了。」

《初期白話詩稿序目》出版後的五本樣書，是由台靜農經手寄給魯迅的。1933年3月1日，魯迅在日記中寫道：「得靜農信並

---

30 《魯迅全集》第12卷，第122頁。

《初期白話詩稿》五本，半農所贈。……複靜農信。」

魯迅在同一天寫給台靜農的書信中表示說：「靜農兄：二月廿四信，講稿並白話詩五本，今日同時收到。」

1933年6月18日，中國民權保障同盟總幹事楊銓在光天化日之下遭遇槍殺，對隱居於上海日本租界區的該同盟骨幹成員魯迅，造成一種強烈刺激。6月21日，魯迅在日記中寫道：

> 上午複語堂信。複榴花社信。下午為坪井先生之友通口良平君書一絕云：「豈有豪情似舊時，花開花落兩由之。何期淚滿江南雨，又為斯民哭健兒。」為西村真琴博士書一橫卷云：「奔霆飛焰殲人子，敗井頹垣剩餓鳩，偶值大心離火宅，終遺高塔念瀛州。精禽夢覺仍銜石，鬥士誠堅共抗流。度盡劫波兄弟在，相逢一笑泯恩仇。西村博士於上海戰後得喪家之鳩，持歸養之；初亦相安，而終化去。建塔以藏，且征題詠，率成一律，聊答遐情云爾。一九三三年六月二十一日魯迅並記。」……夜三弟及蘊如來。[31]

「度盡劫波兄弟在，相逢一笑泯恩仇」的所指，並不限於「西村博士於上海戰後得喪家之鳩」，在很大程度上是魯迅通過三弟周建人向二弟周作人求和示好的橄欖枝。魯迅能夠在《新青年》雜誌一舉成名，既得力於錢玄同、劉半農的一再催稿，也得力於周作人「代抄」文稿、詩稿的大力支持。

---

[31] 《魯迅全集》第15卷，第85頁。

12月27日，魯迅在致台靜農信中，再一次對錢玄同、劉半農展開歧視性的批評攻擊：

> 《北平箋譜》竟能賣盡，殊出意外，……寫序之事，傳說與事實略有不符，鄭君來函問托天行或容某（忘其名，能作簡字），以誰為宜，我即答以不如托天行，因是相識之故。至於不得托金公執筆，亦誠有其事，但系指書簽，蓋此公誇而懶，又高自位置，托以小事，能托延至一年半載不報，而其字實俗媚入骨，無足觀，犯不著向慳吝人乞爛鉛錢也。關於國家博士，我似未曾提起，因我未能料及此公亦能為人作書，惟平日頗嗤其擺架子，或鄭君後來亦有所聞，因不復道耳。[32]

「鄭君」指的是與魯迅一起編印《北平箋譜》的鄭振鐸。「天行」即學生輩的北大教員魏建功。「容某」即容庚。「國家博士」即劉半農。「金公」即被林紓影射為「金心異」的錢玄同。

1934年6月18日，魯迅又在致台靜農信中惡評林語堂、老舍、劉半農等人說：「文壇，則刊物雜出，大都屬於『小品』。此為林公語堂所提倡，蓋驟見宋人語錄，明人小品，所未前聞，遂以為寶，而其作品，則已遠不如前矣。如此下去，恐將與老舍半農，歸於一丘，其實，則真所謂『是亦不可以已乎』者也。」

就在魯迅寫下此信的第二天即1934年6月19日，劉半農為完成瑞典地理學會紀念考古學家斯文赫定七十誕辰的徵文，同時也

為了給自己研究的《四聲新譜》和《中國方言地圖》收集資料，率領助手白滌洲、沈仲章、周殿福及工友梅玉赴西北地方考察方言。7月10日，感染北回歸熱的劉半農返回北平，先被中醫施今墨誤診為重感冒，又被首善醫院院長方石珊診斷為黃疸病，後經兼任協和醫院董事的北京大學文學院院長胡適出面協調，於7月14日上午住進協和醫院，被確診為回歸熱。

在7月14日的日記中，胡適寫道：「早起得半農夫人電話，說半農從綏遠回來，發熱不退，昨日下午方石珊來診，說是黃疸病，勸他進協和醫院。半農最恨協和，沒有去。今天病似更重了，所以她要我去看看。……我送他到醫院，因家中約了一位德國神父，所以我趕回去了，請樊逵羽陪他進去。」

當天下午三點鐘，胡適接到醫院方面的電話通知，得知劉半農已經病逝：「我大驚，打電話告知夢麟，坐車去邀他同去。到醫院時，他們已把半農屍體搬到冰室去了。劉夫人母女號啕，見了我們，跪下去慟哭。我們都很傷心。好容易先把她們送回去。北大庶務組人來了，購買棺木等事都有人料理了。我們就在醫院聚談：幼漁、鄭穎孫、逵羽都在座。……冬秀常勸我莫薦醫生，我終不忍不薦。今天半農夫人與其弟都對我責怪協和，我安然受之，不與計較。」[33]

在此之前的1934年3月8日，劉半農在日記中專門談到胡適的

---

[33] 曹伯言整理《胡適日記全編》第6卷，第402-404頁。1961年3月23日，在臺灣大學醫院住院治療心臟病的晚年胡適，關於此事另有回憶：「當年劉半農患了蒙古瘧疾，到了病情嚴重的一天，才要我說話進了協和醫院。協和內科主任杜威克博士給他抽血化驗，全是肝臟菌，來不及救治，當天就去世了。劉半農太太在悲傷情緒的激動下，打了杜威克博士一記耳光。後來還是由我代向協和醫院道歉的。」胡頌平著《胡適先生晚年談話錄》，中華書局，2016年，第121頁。

為人:「上午續編中小字典。下午到北大上課。去冬為研究所事,逷羽來談,曾言及適之為人陰險,餘與適之相交在十五年以上,知其人倔強自用則有之,指為陰險,當是逷羽挑撥之言。曾以語孟真,孟真告之孟鄰。今日孟鄰面詰逷羽,不應如是胡說。逷羽大窘,來向餘責問。餘笑慰之。」[34]

「孟真」就是中央研究院歷史語言研究所所長兼北京大學教授傅斯年。「孟鄰」即北京大學校長蔣夢麟。「逷羽」是受胡適委託一直在協和醫院陪伴劉半農的北大課業長樊際昌。

1934年5月12日,劉半農還在日記中留有「晚,蕙英請尹默、幼漁、兼士、適之、君哲、玄同、麟伯諸夫人來家小敘」的記錄,足以證明劉半農一家與包括胡適一家在內的諸多北大同事及家屬的和睦相處。

劉半農逝世後,胡適主編的《獨立評論》於第一時間刊登白滌洲的《悼劉半農先生》,胡適本人也在「編輯後記」中沉痛悼念說:

> 七月十四日北大教授劉復先生死在北平協和醫院。他的病是「回歸熱」,加上黃疸病,又因心臟不強,就至於無救。回歸熱的病菌,在內蒙古一帶,往往由蚤虱傳染,土人稱此病為「蒙古傷寒」。劉先生此次冒大暑熱,到綏遠調查方言,搜集歌謠,直到百靈廟,途中得病,他還扶病工作,可說是為學術盡瘁而死。[35]

---

[34] 劉半農日記,1934年3月8日。劉小蕙著《父親劉半農》,第253頁。
[35] 《獨立評論》第110號,1934年7月22日。引自程巢父著《思想時代》,華夏出版社,2004年,第197頁。

一周後，胡適又在《獨立評論》第111號刊登魏建功的《我對於劉半農先生的回憶》，並且在「編輯後記」中介紹說：「魏建功先生是北京大學中國文學系的副教授，他這篇回憶劉半農先生的文字，可以和上期白滌洲先生的《悼劉半農先生》參看。」

　　1934年7月16日早晨，劉半農的棺木由北京協和醫院移往北海後門外的嘉興寺厝放，蔣夢麟、胡適、錢玄同、馬幼漁等北大師生參加了路祭和送殯。

　　同年10月14日，北京大學在景山東街二院大禮堂隆重舉行劉半農追悼會，由北大校長蔣夢麟主祭，胡適、周作人、錢玄同、魏建功先後介紹劉半農的生平事蹟，並由劉半農的三弟劉北茂致答謝詞。在寫給劉半農的挽聯中，胡適另有極其深沉的情感表白：「守常慘死，獨秀幽囚，新青年舊日同夥又少一個。拼命精神，打油風趣，老朋友當中無人不念半農。」

　　1935年1月2日，從上海前往香港的胡適在哈里生總統船上再一次談到劉半農：「劉半農之死，是很可惜的，半農的早年訓練太不好，半途出家，努力做學問，總算是很有成績的。他的風格（taste）不高，有時不免有低級風趣，而不自覺。他努力做雅事，而人但覺其更俗氣。但他是一個時時刻刻有長進的人，其努力不斷最不易得。一個『勤』字足蓋百種短處。」[36]

　　與此相印證，劉半農本人也在1919年的《留別北大學生的演說》中表示說：「我到本校擔任教科，已有三年了。因為我自己，限於境遇，沒有能受到正確的、完備的教育，稍微有一點知識，也是不成篇段，沒有系統的，所以自從到校以來，時時慚

---

[36] 胡適：《一九三四年的回憶》，《胡適日記全編》第6卷，第424頁。

愧，時時自問有許多辜負諸位同學的地方。所以我第一句話，就是要請諸位同學，承受我這很誠懇的道歉。……我此番出去留學，不過是為希望能盡職起見，為希望我的工作做得圓滿起見，所取的一種相當的手續，並不是把留學當做充滿個人欲望的一種工具。」[37]

第七節　劉半農的身後是非

劉半農去世後，與他反目成仇、斷絕來往的魯迅應北新書局老闆李小峰的約請，以「老朋友」身分寫下紀念文章《憶劉半農君》，其中曲曲折折地虛構了幾處小說化的歷史場景。

其一是關於《新青年》編輯會議的虛假敘述：

> 《新青年》每出一期，就開一次編輯會，商定下一期的稿件。其時最惹我注意的是陳獨秀和胡適之。假如將韜略比作一間倉庫罷，獨秀先生的是外面豎一面大旗，大書道：「內皆武器，來者小心！」但那門卻開著的，裡面有幾枝槍，幾把刀，一目了然，用不著提防。適之先生的是緊緊的關著門，門上粘一條小紙條道：「內無武器，請勿疑慮。」這自然可以是真的，但有些人——至少是我這樣的人——有時總不免要側著頭想一想。半農卻是令人不覺其有「武庫」的一個人，所以我佩服陳胡，卻親近半農。[38]

---

[37] 北京《晨報副刊》，1919年12月20日。見《劉半農散文經典》，印刷工業出版社，2001年3月，第294頁。

[38] 魯迅：《憶劉半農君》，《魯迅全集》第6卷，第71-73頁。

事實上，迄今為止所有的文獻資料，都不足以證明《新青年》雜誌有過「每出一期，就開一次編輯會，商定下一期的稿件」的例會安排。作為《新青年》同人團隊中唯一採用隱身匿名方式發表文章的特殊人物，教育部僉事周樹人即魯迅，沒有留下參加過任何一次編輯例會的確鑿記錄。《新青年》同人團隊中擅長籌畫各種「韜略」的不是安徽籍的胡適，反而是一心要排擠陳獨秀、胡適等安徽鄉黨的「某籍某系」的沈尹默等人。借用魯迅自己的話說，他懷疑陳獨秀、胡適的所謂「武庫」，正如他懷疑沈尹默、劉半農一樣，是出於「凡看一件事，雖然對方說是全都打開了，而我往往還以為必有什麼東西在手巾或袖子裡藏著」的「也許有病，神經過敏」。

　　其二是對於胡適和劉半農之間精神歧異的過度誇大：

　　　　所謂親近，不過是多談閒天，一多談，就露出了缺點。幾乎有一年多，他沒有消失掉從上海帶來的才子必有「紅袖添香夜讀書」的豔福的思想，好容易才給我們罵掉了。但他好像到處都這麼的亂說，使有些「學者」皺眉。有時候，連到《新青年》投稿都被排斥。他很勇於寫稿，但試去看舊報去，很有幾期是沒有他的。那些人們批評他的為人，是：淺。……但這些背後的批評，大約是很傷了半農的心的，他的到法國留學，我疑心大半就為此。

　　前面已經談到過，劉半農出國留學是北京大學與教育部嚴格選拔、優中選優的結果，而不是出於胡適等人的所謂「排斥」和「背後的批評」。翻看一下《魯迅全集》，幾乎是不間斷地針對

胡適、劉半農、錢玄同、沈尹默、周作人、林語堂等《新青年》時代的舊同人實施「背後的批評」的，只有魯迅再也找不出第二個人。

1925年7月31日，時任北大教授的《新青年》前同人吳虞，在日記中寫道：「林公鐸來談，極言劉半農之無恥無學，任教授一年半，因學生不上渠課，尹默乃運動出洋，實非例也。夷初任師大教授，月薪200元，北大則夷初、夷乘均講師。守瑕昨言羅振玉可跪地求差事，……學界鄙人，如出一轍。」[39]

吳虞在日記中對人對事的相關評判多不恰當，但是，當年的各國立學校教員出國留學的名額十分搶手，應該是可以肯定的。周作人就是因為排名靠後而沒有得到前往俄國研究東歐近代文學的機會。朱希祖、錢玄同、沈尹默等人，當年都在期盼公款出國訪學的福利待遇。沈尹默隨後的到日本訪學考察，還是他與湯爾和討價還價的結果。關於此事，湯爾和在1919年7月25日的日記中寫道：「尹默昨自南歸，午約在西車站便飯。餘故作疑陣戲之，謂我久主張送君出洋，故與鶴公言之甚力。今自知此說不能成立，自願取消。渠信以為實，為之色變。乃探得其對夢兄態度，知無他故，乃複允之。」[40]

這裡的「鶴公」即在五四運動中離校南下的蔡元培，「夢兄」即準備進入北大代理蔡元培校長職務的蔣夢麟。湯爾和為了換取沈尹默一派人對於蔣夢麟的支持合作，主動承諾要在蔡元培面前為沈尹默爭取公款出國的機會。

其三是魯迅談論自己與劉半農關係惡化時的推脫責任、諉過

---

[39] 《吳虞日記》下冊，四川人民出版社，1984年，第274頁。
[40] 《胡適往來書信選》中冊，第284頁。

於人：

> 他回來時，我才知道他在外國鈔古書，後來也要標點
> 《何典》，我那時還以老朋友自居，在序文上說了幾句老
> 實話，事後，才知道半農頗不高興了，「駟不及舌」，也
> 沒有法子。另外還有一回關於《語絲》的彼此心照的不快
> 活。五六年前，曾在上海的宴會上見過一回面，那時候，
> 我們幾乎已經無話可談了。近幾年，半農漸漸的據了要
> 津，我也漸漸的更將他忘卻；……我愛十年前的半農，而
> 憎惡他的近幾年。這憎惡是朋友的憎惡，因為我希望他常
> 是十年前的半農，他的為戰士，即使「淺」罷，卻於中國
> 更為有益。我願以憤火照出他的戰績，免使一群陷沙鬼將
> 他先前的光榮和死屍一同拖入爛泥的深淵。

《憶劉半農君》的落款時間是1934年8月1日。同年8月15
日，魯迅在《趨時和復古》一文中針對林語堂等人紀念劉半農的
文章，旗幟鮮明地把「拉車屁股向後」的既「復古」又「沒落」
的「壞話」，強加在了劉半農身上，認為劉半農「已經快要被封
為復古的先賢，可用他的神主來打『趨時』的人們了」。[41]

11月30日，遠在北平的周作人寫下《半農紀念》，在沉痛悼
念劉半農的同時，藉著魯迅此前所寫的「相逢一笑泯恩仇」的話
頭，針對魯迅、胡風等左翼人士圍繞劉半農去世而挑起發動的文
壇論爭加以反擊：「漫雲一死恩仇泯，海上微聞有笑聲。空向刀

---

[41] 魯迅：《趨時和復古》，《魯迅全集》第5卷，第535頁。

山長作揖，阿旁牛首太猙獰。」[42]

到了1949年的《劉半農與禮拜六派》一文中，周作人的態度開始發生微妙變化：「劉君初到北大還是號半儂，友人們對他開玩笑，說儂字很有《禮拜六》氣，他就將人旁去了。可是在英美派學者中還有人譏笑他的出身，他很受了一點刺激，所以在民八之後他決心往歐洲遊學……」[43]

1958年5月17日，周作人在《羊城晚報》發表《劉半農》一文時，直接點出了胡適的名字：「不過劉半農在北大，並不是一帆風順的。他在預科教國文和文法概論，但他沒有學歷，為胡適輩所看不起，對他態度很不好，他很受刺激，於是在『五四』之後，要求到歐洲去留學。」

到了應曹聚仁邀約為香港報刊寫作的《知堂回想錄》中，周作人進一步回憶說：

> 我們普通稱胡適之為胡博士，也叫劉半農為劉博士，但是很有區別，劉的博士是被動的，多半含有同情和憐憫的性質，胡的博士是能動的，純粹是出於嘲諷的了。……英美派的紳士很看不起，明嘲暗諷，使他不安於位，遂想往外國留學，民九乃以公費赴法國。留學六年，終於獲得博士學位，而這學位乃是國家授予的，與別國的由私立大學所授的不同，他屢自稱國家博士，雖然有點可笑，但這

---

[42] 周作人：《半農紀念》，文載《人間世》第18期，1934年12月20日。見鐘叔河編《周作人文類編》第10卷《八十心情：自敘・懷人・記事》，湖南文藝出版社，1998年，第412頁。

[43] 周作人：《劉半農與禮拜六派》，文載《自由論壇晚報》，1949年3月22日。

是很可原諒的。[44]

　　曾經與劉半農同時擔任《新青年》輪值編輯的沈尹默，在落款時間為1966年1月的《我和北大》中，提供了比周作人更加離奇的一種說法：

　　　　《新青年》在北京出版後，曾發生一件事：錢玄同、劉半農化名寫文章在《新青年》發表，駁林琴南復古謬論，玄同、半農的文筆犀利，諷刺挖苦（當時，打倒孔家店的口號已提出來），胡適大加反對，認為「化名寫這種遊戲文章，不是正人君子做的」，並且不許半農再編《新青年》，由他一個人獨編。我對胡適說：「你不要這樣做，要麼我們大家都不編，還是給獨秀一個人編吧。」二周兄弟（樹人、作人）對胡適這種態度也大加反對，他們對胡適說：「你來編，我們都不投稿。」胡乃縮手。[45]

　　事實上，即使在劉半農已經淡出《新青年》同人團隊的1919年7月6日，北京《晨報》還刊登有這樣一則《為新潮社闢謠啟事》：「近來有人散佈謠言，說新潮社的傅斯年、羅家倫兩君被安福俱樂部收買了。這種謠言本來不值得一笑，因為安福俱樂部是個什麼東西，他也配收買這兩位高潔的青年。不幸國中缺乏常識的人太多了，居然有人相信這種謠言，居然有許多通信社和報

---

[44] 周作人著《知堂回想錄》下卷，河北教育出版社，2002年，第411頁。
[45] 沈尹默：《我和北大》，《文史資料選輯》第61輯，中華書局出版，1979年，第223-229頁。

館極力傳播這種謠言。我們心裡不平，不能不替他們兩位辯個清白。」[46]

在這則啟事後面連署簽名的，依次是胡適、周作人、劉復、高一涵、陳大齊、李大釗、錢玄同、唐俁。除了到歐洲遊學的陶孟和、被關進監獄的陳獨秀、因為直接參與免除陳獨秀文科學長職務的暗箱操作而遠離《新青年》同人團隊的沈尹默之外，這份名單囊括了留在北京的所有《新青年》編輯部成員。

前面已經談到過，劉半農當年的公款留學，是周作人、沈尹默等人求之不得的福利待遇和人生機遇。1949年之後的周作人，為了在文章中與已經被奉為偶像的魯迅保持一致，反而把自己與劉半農一同競爭過的出國留學的機會，改寫成為劉半農被胡適等人「看不起，明嘲暗諷」的無奈選擇。這種「紹興師爺」式的「反復顛倒無所不可」[47]的刀筆手段，無論如何是不能成立的。關於這一點，最具說服力的文獻證據，是前面引用過的劉半農日記：「餘與適之相交在十五年以上，知其人倔強自用則有之，指為陰險，當是……挑撥之言。」[48]

關於博學多才的劉半農在中國現代文化史、學術史及教育史上的重要地位和突出貢獻，「紹興蔡元培撰文、余杭章炳麟篆額、吳興錢玄同書丹」的《故國立北京大學教授劉君碑銘》介紹說：

> 二十年任北京大學文學院研究教授，君於是創制劉氏音鼓甲乙兩種，乙二聲調推斷尺。四聲摹擬器，審音鑒古

---

[46] 原載1919年7月6日《晨報》，見《李大釗全集》第3卷，河北教育出版社，1999年，第293頁。

[47] 語出周作人《關於紹興師爺》，文載《自由論壇晚報》，1949年4月5日。

[48] 劉小蕙著《父親劉半農》，第253頁。劉半農日記，1934年3月8日。

准，以助語音與樂律之實驗；作調查中國言音音標總表，以收蓄音庫之準備；仿漢日晷儀理意，制新日晷儀，草編纂「中國大字典」計畫；參加西北科學考察團，任整理在居延海發現之漢文簡牘。雖未能一一完成，然君盡瘁於科學之成績已昭然可睹，而君仍不懈於文藝之述造；如《半農雜文》及其他筆記調查錄等，所著凡數十冊。旁及書法，攝影術，無不粹美。可謂有兼人之才矣！[49]

　　蔡元培、章太炎（炳麟）是魯迅、周作人的同鄉師長，錢玄同是魯迅、周作人曾經的老同學、老同事，以三個人名義給予劉半農的蓋棺定論，雖然有一些溢美誇張，基本的事實是不容置疑的。無論是「正業」還是「副業」，晚年劉半農都是具有建設性的「前驅」，而不是「拉車屁股向後」的落伍者。

　　1935年5月29日，劉半農被安葬在香山玉皇頂南側的大木坨，墓地由李石曾、沈尹默等人主持的中法大學捐贈。整個墓地由時任北平市務局長的汪申伯規劃設計，漢白玉墓塚的正面有劉半農的浮雕頭像，雕像下方是黃賓虹書寫的篆字「劉半農先生貌像」，左右側雕是劉半農生前創制的「聲調推斷尺」和仿西漢的「日晷」圖像。墓碑上的碑文由蔡元培、章炳麟（太炎）、吳稚暉、錢玄同、沈兼士、周作人、魏建功、馬衡等人合作完成。到了史無前例的「文化大革命」期間，被魯迅認定為「拉車屁股向後」的既「復古」又「沒落」的劉半農，自然就成了歷史罪人。他的墓碑遭受破壞，直到1982年才得以重新修復。

---

[49] 劉小蕙著《父親劉半農》首篇，上海人民出版社，2000年。

第五章
胡適與高一涵的同住和歧異[1]

與陳獨秀、胡適同為安徽人的高一涵，是《新青年》同人團隊中資格較老的一個撰稿人，同時也是與胡適有過親密無間的同居經歷的北大同事。蒙受胡適諸多提攜的高一涵，晚年以歷史見證人身分執筆寫作的幾篇捕風捉影的回憶文章，整體上是針對胡適的反噬陷害。

第一節　高一涵與章士釗的早期交往

圍繞高一涵的傳記材料，我一直沒有找到第一手的檔案文獻。為行文方便，只好摘錄六安網的一篇文字：

> 高一涵（1885-1968），原名高永浩，別號函廬、夢弼等，六安市金安區東河口鎮茶葉沖人，少讀私塾，天資聰穎，能詩善文，十四歲考中秀才，寫得一手好字，是當地有名的少年才子。廢除科舉制度後，高一涵畢業於安慶安徽高等學堂，1911年自費去日本明治大學攻讀政法……

---

[1]　本章節內容改寫自張耀杰著《北大教授與〈新青年〉——新文化運動路線圖》之第五章《〈新青年〉編輯高一涵》，中國言實出版社，2007年8月出版。

1918年，高一涵進入北大，在編譯委員會工作，同時兼任中國大學政法專門學校教授，還肩負著《新青年》的主要撰稿人……

1925年高一涵加入中國國民黨，次年在赴武昌途中經李大釗、高語罕介紹加入中國共產黨。1949年，國民黨政府曾委任高一涵為國民政府考試院院長，欲挾其去臺灣，高一涵堅辭未就，在南京隱居起來。期間，冒著生命危險同中國共產黨保持聯繫，與朱子帆、沈子修等民主人士一道為迎接人民解放軍過大江做了大量的前期工作。高一涵在十幾年的宦海生涯中清正廉潔，敢於申明正義，利用其特殊身分多次掩護董必武、周新民等共產黨人，同時也保護了高曉初等一批進步青年。……

中華人民共和國成立後，高一涵歷任南京大學教授、政治系主任、法學院院長、南京市監察委員、第一任江蘇省司法廳廳長、江蘇省政協副主席等職。1950年經周新民、陳敏之介紹加入中國民主同盟，任民盟江蘇省副主席、民盟中央委員、全國政協委員等職。1968年4月在北京逝世，葬於南京雨花臺公墓。[2]

上述文字並不嚴謹準確，原名永浩的高一涵別名涵廬、夢迅，一涵是他的筆名之一種，後來以筆名行世。1949年以前，中國教育界與日本一樣只有「法政」學科，而沒有「政法」之說。筆者綜合比對相關歷史資料，對高一涵早年的相關事蹟重新梳理

---

2 高大新：《鮮為人知的高一涵》，網址：http://www.wxrb.com.cn/news/details/26315.html

如下：

　　高一涵於1985年2月出生在安徽六安南官亭一個既務農又經商的富裕之家，比陳獨秀小6歲，比魯迅、章士釗小4歲，比李大釗長4歲，比胡適長6歲。他自幼聰穎好學，科舉制度廢止後以秀才資格考取安徽高等學堂，當時的校長是著名學者嚴復，同學中有王星拱、高語罕、鬍子穆、趙倫士、陳我魯、曹鏡清等人。

　　辛亥革命爆發後，27歲的高一涵在安徽省教育廳短暫任職，隨後在同鄉好友劉希平勸說之下，赴日本明治大學自費留學，獲學士學位。

　　留日期間，高一涵與《甲寅》雜誌主編章士釗建立聯繫，在章士釗勸告下閉門苦讀了半年英文，為他後來到北京大學從事編譯工作打下基礎。當年與高一涵同為《甲寅》編輯及撰稿人的，還有楊永泰、易白沙（培荃）、陳獨秀、蘇曼殊、李劍農、楊端六、周鯁生、李大釗、胡適、劉文典等人，借用國民黨元老吳稚暉的話說：「把人物與《甲寅》聯想，章行嚴而外，必忘不了高一涵，亦忘不了陳獨秀。」[3]

　　談高一涵與陳獨秀、李大釗、胡適等人的合作交往，無論如何都繞不開章士釗主編的《甲寅雜誌》、《甲寅日刊》及《甲寅週刊》。1922年3月3日，胡適在《五十年來中國之文學》中寫道：

　　　　章士釗一派是從嚴復章炳麟兩派變化出來的，……甲寅派的政論文在民國幾乎成一個重要文派。但這一派的文

---

[3]　吳稚暉：《章士釗──陳獨秀──梁啓超》，《京報副刊》第393號，1626年1月23日。

字，既不容易做，又不能通俗，在實用的方面，仍舊不能不歸於失敗。因此，這一派的健將，如高一涵、李大釗、李劍農等，後來也都成了白話散文的作者。[4]

1927年4月28日，李大釗與國共兩黨的20名革命同志，被張作霖、張學良父子的軍政府處以絞刑。與蘇聯共產國際和中國共產黨保持密切合作的國民黨武漢政府，為此舉辦了一系列悼念活動。既是國民黨員又是共產黨祕密黨員的高一涵，時任武昌中山大學教授及國民革命軍總政治部編譯委員會主任委員。他在悼念文章中回憶說：

> 民國二年後，因袁世凱專政，守常乃同張澤民潛往日本，肄業於日本早稻田大學經濟科。
> 民國四年，陳獨秀先生在上海創《新青年》雜誌，餘時已到日本三年餘，為窮所迫，常斷炊。獨秀約餘投稿，月得十數元稿費以糊口。因無錢出門，每日閉門讀書，故無幾人知餘名姓。
> 守常讀《新青年》，見余文，知在東京，訪問半年餘，終無人見告。迨帝制事起，東京有留學生總會之組織，守常見留學生總會中有餘名，輾轉詢問，始得餘之住所。一日房主人持李大釗名片上樓，餘覽片竟不知為何許人。及接談，始知守常已訪餘半年矣，此為余與守常相見之始。因縱談國事，所見無不合，遂相交。

4　胡適：《五十年來中國之文學》，《胡適學術文集·新文學運動》，中華書局，1993年出版，第96頁。

時留學生總會出《民彝》雜誌，余與守常被推為編輯，此余與守常共事之始。守常因帝制事生，因約余與湖南申文龍、雲南王九齡等，祕密組織神州學會，作革命機關，一時入會者甚眾。

民國五年袁世凱死，守常先返滬，餘亦返國，與守常約會於滬濱。時湯化龍在滬，欲招納人才為己助，並謂守常，誓欲十年在野，專司評政。因創《晨鐘報》（即現在《晨報》）於北京，托守常與餘為編輯，並謂言論絕對自由，不加干涉。守常從滬至北京組織報社，餘返安徽省視吾母，家居二十七日，守常已三電促餘北上。迨我至北京，守常已將脫離該報矣。[5]

民國二年即1913年，李大釗是在同鄉孫洪伊和前眾議院議長湯化龍資助之下，到日本留學的。他在留學期間的主要經濟收入，是給湯化龍兒子湯佩松充當家庭教師。

以梁啟超、孫洪伊、湯化龍等人為主要首領的立憲派進步黨，最初是支持袁世凱政府、反對挑起發動「二次革命」的孫中山及其國民黨南方派系的。隨著袁世凱稱帝意向逐漸暴露，梁啟超、湯化龍、孫洪伊等人才開始轉向反袁討袁。1916年1月，李大釗為參與反袁事宜返回國內，在上海逗留兩個星期。2月2日，他被早稻田大學以「長期欠席」為由予以除名。同年5月21日，李大釗參加孫洪伊聯合國民黨籍前國會議員重新組建的憲法商榷會。同年7月，李大釗遵照湯化龍、孫洪伊的安排前往北京，參

5　高一涵：《李大釗同志略傳》，《中央副刊》（武漢），1927年5月23日。

與創辦《晨鐘報》。

《晨鐘報》是前立憲派首領梁啟超、湯化龍、浦殿俊（字伯英）等人集資創辦的民間報刊，由辛亥革命期間出任過四川都督的前清舉人浦殿俊全權負責，李大釗以湯化龍私人秘書身分出任編輯主任，並且邀請北洋法政專門學校時期的老同學白堅武、鬱嶷、張澤民等人參與編撰。

1916年7月11日，李大釗從上海抵達北京，住進宣武門外丞相胡同的晨鐘報社。經過一個多月緊張籌備，《晨鐘報》於8月15日出版創刊號。等到高一涵由安徽老家趕到北京時，李大釗已經於9月5日發表啟事，宣佈與《晨鐘報》脫離關係。

李大釗脫離《晨鐘報》後，與白堅武、張澤民、秦立庵、田克蘇、高一涵等人租住在皮庫胡同一所房屋裡，另行籌辦《憲法公言》旬刊。《憲法公言》的辦刊經費包括眾議院議員秦立庵捐助的2000元，孫中山的500元，唐紹儀的300元，孫洪伊、李慶芳的各100元，以及彭介石的每月50元。由於缺乏後續經費，創刊於1916年10月10日的《憲法公言》，在1917年1月10日出版第九期後被迫停刊。

李大釗、白堅武、張澤民等人離開《晨鐘報》，實際上是他們疏遠支持段祺瑞的湯化龍派系而接近支持黎元洪及孫中山的孫洪伊派系的政治選擇。

關於梁啟超、湯化龍一派「憲法研究會」（簡稱研究系）與孫洪伊一派「憲法商榷會」（簡稱商榷系）的權利之爭，長期擔任黎元洪謀士的張國淦在《中華民國內閣篇》仲介紹說，湯化龍與黎元洪既是同鄉又是武昌首義的政治盟友，梁啟超、湯化龍等人當初希望國務總理段祺瑞與大總統黎元洪相互調和以維持大

局。但是，黎元洪「獨屬意於國民黨的譚延闓、孫洪伊諸人，對湯、梁（啟超）並沒有特別推重。研究系當然不甚滿意，漸趨疏遠——加之內務總長孫洪伊與湯早已勢成水火，還有黎身邊的人挑撥——湯很氣憤，因此研究系就一心一意為段策劃一切。」[6]

1917年1月28日，護國軍前秘書長章士釗以岑春煊派系的兩廣軍閥總代表的身份，在北京創辦《甲寅日刊》，聘請李大釗、高一涵、邵飄萍等人擔任編撰工作。李大釗、高一涵因此從皮庫胡同遷到朝陽門內竹杆巷4號居住。

在《〈甲寅〉日刊之發端》中，章士釗為該日刊設定了與《甲寅雜誌》一脈相承的原則立場：當今現實政治，「新舊相沖，錯綜百出，欲爬梳而調理之，所須調和質劑之功」；「勿妄憶過去而流於悲觀，勿預計將來而蹈乎空想，腳踏實地從所踏處做去。」

李大釗發表在《甲寅日刊》創刊號的《甲寅之新生命》，與章士釗保持了統一口徑。第二天，李大釗又以《調和之美》為《甲寅日刊》定下天堂神曲般的理想基調：「人莫不愛美，故人咸宜愛調和。蓋美者，調和之產物，而調和者，美之母也。」

隨後，李大釗在日本東京出版的《神州學叢》發表《調和之法則》，公開宣稱自己提倡「調和之美」，是出於對筆名秋桐的章士釗的高度認同：「往者章秋桐先生在《甲寅》雜誌倡『調和』之義，意在析陳政力向背之理，俾政治當局自節其好同惡異之性，而尚有容之德也。……調和之境，雖當寶愛，而調和之道，則不易得也。」[7]

6　張國淦：《中華民國內閣篇》，《近代史料》，1979年第三期。
7　李大釗：《調和之法則》，《李大釗全集》第3卷，河北教育出版社，1999年，

1917年6月9日，張勳的辮子軍進入北京宣佈滿清復辟，追隨段祺瑞避居天津的章士釗，於6月11日在《甲寅日刊》發表緊急聲明：「秋桐久已離京，與報脫離關係。」

　　李大釗當時正在老家河北樂亭大黑坨村休假，《甲寅日刊》由高一涵留守，直到6月19日出版發行至第150號才正式停刊。

　　《甲寅日刊》停刊後，李大釗南下上海，寄住在孫中山任命的廣州軍政府駐上海全權代表孫洪伊家中。他在1917年8月15日的《太平洋》1卷6號發表《闢偽調和》，一反此前的「調和之義」，針對以梁啟超、湯化龍為首的研究系以及以章士釗為主要發言人的政學系展開批評：「緩進派與官僚武人相結，附敵同攻，助紂為虐，……此類之政治活動無以名之，名之曰偽調和；此類之政治團體無以名之，名之曰偽調和派。」

　　由這篇文章可以看出，當年的李大釗與章士釗之間確實存在著一些細微分歧。只是李大釗當年的思想表現並不穩定，他接下來發表在《太平洋》1卷7號的《暴力與政治》，又回歸到與所謂「偽調和派」再度「調和」的公開反對暴力革命的舊路子：「愚雖非如梁先生之單純反對革命，而以良知所詔，則無論何時皆反對暴力，其終極目的，亦在消免革命之禍。」

　　當年的李大釗不僅在言論層面表現得搖擺不定，他在現實生活中所從事的更是自己公開反對的「與官僚武人相結」的「調和」活動。1917年10月21日，李大釗專程從上海來到南京，在老同學白堅武引見下拜會直系軍閥、江蘇督軍李純，說是代表孫洪伊接洽赴日本考察事宜。10月22日，李純贈送100元路費請李大

第31-32頁。

釗返回上海等候消息。11月9日，李大釗再赴南京會見李純，代表孫洪伊「有所接洽」。

由於兩次「接洽」毫無成果，李大釗於11月11日由南京返回北京，住進時任北大教授兼圖書館主任的章士釗家中擔任家庭教師。1918年3月，章士釗推薦李大釗進入北大接替自己的圖書館主任一職。高一涵隨後由安徽同鄉陳獨秀、胡適推薦，進入北京大學擔任編譯員。用高一涵的話說：「無何，段內閣成立，章士釗任北京大學教授兼圖書館主任，因守常投閑，故以圖書館主任一職讓之。此為守常入北京大學之始，時民國七年也。守常入北大後，越二年任北京大學教授，在史學系教課。餘於民國八年亦入北大為編譯員，又得同事。」[8]

第二節　胡適與高一涵的同住經歷

李大釗南下上海後，高一涵滯留朝陽門內竹杆巷4號以撰稿為生。到了1917年9月30日，胡適在寫給母親馮順弟的家信中介紹說：

> 適之薪金已定每月二百六十元。所同居高君亦好學之士。所居甚僻靜，可以無外擾，故欲移出同居也。……適現尚暫居大學教員宿舍內，居此可不出房錢。飯錢每月九元，每餐兩碟菜一碗湯，飯米頗不如南方之佳，但尚可吃得耳。適意俟拿到錢時，將移出校外居住，擬與友人六安

8　高一涵：《李大釗同志略傳》。高一涵在胡適、陳獨秀推薦下進入北大任編譯員的時間，應該1918年底或民國八年即1919年初。

高一涵君。[9]

胡適所說的「將移出校外居住」，就是與高一涵同住在朝陽門內竹杆巷四號。10月26日，胡適致錢玄同信的落款地址正是竹竿巷四號。

1917年12月13日，胡適啟程返回安徽績溪的上莊老家與江冬秀完婚。他離開北京前寫過一首標題為《一念》的白話情詩，刊登在1918年1月出版的《新青年》4卷1號。其中有這樣幾行詩句：

> 我這心頭一念：
> 才從竹竿巷忽到竹竿尖；
> 忽在赫貞江上，忽到凱約湖邊；
> 我若真個害刻骨的相思，
> 便一分鐘繞遍地球三千萬轉！

胡適在為該詩所寫「序言」中介紹說：「今年在北京，住在竹竿巷。有一天，忽然由竹竿巷想到竹竿尖。竹竿尖乃是吾家村後的一座最高山的名字。因此便做了這首詩。」

1918年1月底，胡適從績溪返回北京。1918年2月10日即陰曆大年除夕，胡適在寫給母親馮順弟的家信裡介紹說：

> 今天起得很早，天未亮便醒了。點起燈看了一會兒的書，天亮明瞭，便穿衣服起床。那時還不過七點鐘，廚

9　原文如此，見耿雲志、歐陽哲生編《胡適書信集》上卷，北京大學出版社，1996年出版，第106頁。

子（名閣海）已出去了。因為昨夜我叫他今天午飯辦幾樣菜，為同居的高先生送行，……吃過飯便有客來，……客去之後，我也叫車出門，先到大學法科去尋一位朋友，談了一刻鐘，又到大學文科去辦了一點事。五點半鐘到一位陶孟和先生家去吃夜飯。陶先生也是大學的教授，是在英國畢業的，學問極好。[10]

　　這裡的「高先生」，就是回安徽老家過春節的高一涵。1918年2月25日是陰曆正月十五元宵節，胡適在當天寫給母親的家信中談到，他的住處於前一天深夜失竊，丟失了家裡給他做的新馬褂以及剃鬚刀等項物品。

　　3月27日，胡適在致江冬秀信中介紹說：「我已租了一所新屋，預備五六日內搬進去住。這屋有九間正房，五間偏房（作廚房及奴婢住房），兩間套房。離大學也不遠（與江朝宗住宅相隔一巷），房租每月二十元。」[11]

　　胡適於1918年3月30日搬入的新居，是位於南池子大街東邊的緞庫胡同八號。江朝宗名雨丞，字朝宗，後改名宇澄，又名世堯，與江冬秀同為安徽省旌德縣江村人，時任執掌京城治安大權的步軍統領。江朝宗的住宅位於南河沿大街路西的南灣子胡同一號，與南池子緞庫胡同相隔一條胡同。

　　1918年6月11日，江冬秀在同胞兄長江耘圃護送下來到北京。同年11月23日，胡適母親馮順弟在績溪上莊去世，胡適於11月25日與江冬秀回鄉奔喪。已經懷上長子胡祖望的江冬秀，在辦

10　耿雲志、歐陽哲生編《胡適書信集》上冊，北京大學出版社，1996年，第126頁。
11　耿雲志、歐陽哲生編《胡適書信集》上冊，第145頁。

完喪事後回江村娘家待產。江冬秀堂弟江澤涵於1919年1月跟隨胡適到北京讀書，與胡適三哥的兒子胡思聰一起住進南池子緞庫後胡同8號。

江澤涵後來留學哈佛，回國後成為北京大學數學教授。據江澤涵回憶，南池子緞庫後胡同8號是一個小四合院。胡適有臥室、書房和客廳。「我和思聰同住南屋。他雇一個廚子名叫閻海，一名女工王媽。因當時冬秀不在北京，所以胡適自己管家。我還記得胡適說，他管理那個家的伙食很簡單。只要每天付給閻海一元錢買菜、每兩天一元錢買米、每三天一元錢買面，供給五個人的伙食就行了。他還雇了一名拉人力車的包車夫。」[12]

第三節　胡適與高一涵的學術合作

1915 年10 月，《甲寅雜誌》在出版1卷10號後停刊。同年9月，由陳獨秀主編、上海群益書社出版發行的《青年雜誌》創刊，高一涵的長篇論文《共和國家與青年之自覺》從1卷1號起連載至1卷3號。從《青年雜誌》創刊到《新青年》終刊，與陳獨秀一樣持續供稿的只有高一涵。

歸納起來，高一涵在《青年雜誌》及《新青年》接連發表的原創和翻譯文章，主要涉及以下幾個方面的內容：

其一，與章士釗的以「有容」為基點的調和立國論保持一致的「大同福祉」觀。

其二，與陳獨秀提倡的「倫理的覺悟，為吾人最後覺悟之最

---

[12] 江澤涵：《回憶胡適的幾件事》，顏振吾編《胡適研究叢錄》，北京三聯書店，1989年，第6頁。

後覺悟」保持一致的道德啟蒙觀。

其三，個人主義的人權國家觀。

其四，政教分離的思想自由觀和道德自主觀。

1918年11月24日，新當選的中華民國大總統徐世昌發佈《大總統令》，其中充斥著中國傳統孔學儒教奉天承運、神道設教、替天行道、政教合一的「天地君親師」的神道觀念。高一涵在《非君師主義》一文中依據現代文明社會的基本法理批駁道：

> 我以為這種「天地君親師」的總統觀念，所以發生的原因有二：①是缺乏歷史進化的觀念：②是行制度革命而不行思想革命的壞處。……中國革命是以種族思想爭來的，不是以共和思想爭來的。所以皇帝雖退位，而人人腦中的皇帝尚未退位；所以入民國以來，總統行為，幾無一處不摹仿皇帝。皇帝祀天，總統亦祀天；皇帝尊孔，總統亦尊孔；皇帝出來地下敷黃土，總統出來地下也敷黃土；皇帝正心，總統亦要正心；皇帝「身兼天地君親師之眾責」，總統也想「身兼天地君親師之眾責」。這就是制度革命思想不革命的鐵證……
>
> 我的意見，不是說道德是不必要的，是說道德不能由國家干涉的；……道德必須由我們自己修養，以我們自己的良知為標準，國家是不能攢入精神界去干涉我們的。此外尚有一個理由，就是國家待人民，要看作能自立、自動，具有人格的大人；萬不要看作奴隸，看作俘虜，看作赤子，看作沒有人格的小人。共和國的總統是公僕，不是「民之父母」；共和國的人民，是要當作主人待遇，不能

當作「兒子」待遇，不能當作「奴虜」待遇的。[13]

　　限於《新青年》雜誌來說，「思想革命」的概念最早見於陶履恭（孟和）用文言文寫作的《女子問題：新社會問題之一》，該文刊登於1918年1月出版的《新青年》4卷1號。高一涵的《非君師主義》一文算是第二次採用這一概念。在他看來，以大總統徐世昌為首的國家政權，是不可以「攬入精神界」橫加干涉的，否則就會導致極權專制：「擴張國家的權力，使干涉人民精神上的自由；凡信仰、感情、思想等事，莫不受國權之拘束；則道德的範圍，道德的解釋，皆由統治者自定。於是專制之弊端見矣。」

　　應該說，陳獨秀、吳虞、易白沙、錢玄同、劉半農、陶孟和、高一涵、魯迅、周作人等人集中火力反對孔學儒教的「倫理道德革命」或「思想革命」，說到底只是在清理中國傳統社會在文化思想領域中的存量資源，也就是胡適所說的「整理國故」。在《新青年》同人團隊中間，一上手就注重於為中國社會移植輸入外來資源以充實擴張其精神財富的，是提倡以白話文為話語工具和話語載體來提倡「充分世界化」的「健全的個人主義」之價值觀念的胡適。借用胡適在《新思潮的意義》中的話說，當年的「新思潮」也就是後來所謂的「新文化運動」的總體目標，是與全人類文明社會全方位接軌的「研究問題。輸入學理。整理國故。再造文明。」

　　1919年4月，胡適在《新青年》6卷4號發表標題為《一涵》的白話短詩，其中所描繪的是他與高一涵在南池子緞庫後胡同8

---

[13] 《新青年》5卷6號，1918年12月。

號埋頭讀書的同居生活：

> 一涵！
> 月亮正在你的房子上，
> 正照在我的窗子上。
> 你想我如何能讀書，
> 如何能把我的心關在這幾張紙上！[14]

　　查勘胡適日記，在1919年12月20日下午6時的日程表中，有「請客，為高、王餞行（浣花春）」的記錄。[15]

　　這裡的高、王，指的是即將赴日本訪學的北大同事高一涵、王徵。王徵字文伯，是胡適在美國留學時的老朋友，此前在胡適鼎力推薦下，與高一涵一起進入北京大學任編譯員。

　　1920年2月13日，高一涵從日本給胡適、陳獨秀寫信，報告日本方面新進人物以及正在日本留學的中國學生，對於發生在中國大陸的新文化運動的熱情期待：「《新青年》代派事，我已同青年會的幹事說到，且於昨晚在『統一紀念會』會場報告了。大家彷彿得到寶貝一樣的歡喜。我想這事萬不能辜負他們的好意，並望商同夢麟和新潮社、國民雜誌社按期寄《新教育》、《新潮》、《國民》和其餘有價值的雜誌前來。」[16]

　　信中還談到，日本方面的新進人物以及正在日本留學的中國學生，是把北京大學和《新青年》同人當作「天使」來看待的。

---

[14] 歐陽哲生編《胡適文集》第9冊，北京大學出版社，1998年，第374頁。
[15] 曹伯言整理《胡適日記全編》第3卷，安徽教育出版社，2001年，第46頁。
[16] 耿雲志著《胡適年譜》修訂本，福建教育出版社，2012年，第68頁。

當高一涵在「統一紀念會」演講結束走下講壇時,許多被日本社會視為「離經叛道」,或者在家庭裡被視為「忤逆不孝」的青年學生,都跑來和他爭相握手。高一涵因此向胡適、陳獨秀鄭重表示說:「這是你們鼓吹的功勞,也就是你們無窮的不可推脫的責任,還望你們快快努力,盡你們『天使』的責任才好!」

高一涵在給胡適、陳獨秀寫下這封書信的時候,顯然不知道被他奉為「天使」之一的陳獨秀,已經把《新青年》雜誌回遷到了上海。

1920年5月,胡適一度產生到日本東京與高一涵、王文伯一起從事學術研究的打算。高一涵在5月20日致胡適信中寫道:「你的長信已收到了。你確定來東京最好,我同文伯已預備租房子,如果房子租不到,可以定一個旅館,比租房子還要方便些。」

5月27日,高一涵在致胡適信中談到自己在北京大學的去留問題:

> 接到來信,說「大學正在籌算減費」,我當時心中便已打算寫信告訴你,斟酌我一個人的進退。第三天接到你來信,你恨我從前不斬金截鐵做去,反教你為我受累,心中實在不安的很!我雖毫無見識,但關於自己進退,也曾前思後慮過多少次,去年蔣夢麟先生代理校務時,所以寫信辭職,便是這個意思。……幸而到東京四個月,置得二百多冊書,又因為得大學圖書館的幫助,才勉強編成一點《政治學史》。現在上古已完,我想從此結束,告一段落,待修改抄寫成功,交給大學,也算完結了一件心事。

到接你的信時，我同文伯均直接寫信給蔡先生，婉言
辭職了。倘見蔡先生時，可再累你一下，請你說明我們的
意思。[17]

1920年6月17日，高一涵從東京啟程回國。他在神戶田中旅
館等船期間再一次給胡適寫信說：「你最後來的短信，我昨去東
京時才收到，感謝你的好意。西南大學有派出學習的教授，如果
能辦到這一層，好讓我到美國去學習兩年，那更好了。」[18]

1919年12月，廣東軍政府政務會議通過省長陳炯明的提議，
劃撥關餘——也就是由外國人直接控制的中國海關在扣除外債之
後的部分餘款——一百萬元籌辦西南大學，委託章士釗、汪精衛
為籌備員。章士釗、汪精衛邀請蔡元培、吳稚暉、陳獨秀等人加
盟籌備。因為在北京散發傳單而被捕入獄的陳獨秀，當時還處於
行動不自由的保釋期，章士釗為此專門電邀陳獨秀南下廣東，並
且委託蔡元培積極促成陳獨秀的離京事宜。陳獨秀複電章士釗，
約定先到上海，再乘船轉赴廣東。章士釗表示將赴上海與陳獨秀
見面。

陳獨秀離京之前起草過一份《西南大學組織大綱》，高一涵
神戶來信中所說的「西南大學有派出學習的教授」，是胡適根據
這份《西南大學組織大綱》為學養不足的高一涵安排的一條學術
出路。隨著擬議中的「西南大學」宣告破產，高一涵並沒有實現
「到美國去學習兩年」的個人願望。

在高一涵從日本回國之前的1920年5月22日上午，胡適在日

17　《胡適來往書信選》上冊，中華書局，1979年，第95頁。
18　《胡適來往書信選》上冊，第97-98頁。

程表中寫道:「至新屋(今日遷居)。會客江伯訓(商務)。楊璠女士為工讀第三組借去一百貳十元。」[19]

這裡所說的「新屋」,指的是鐘鼓寺胡同14號。胡適之所以搬遷到鐘鼓寺胡同14號院,是因為江冬秀於1919年3月16日在安徽老家生育長子胡祖望之後,又將於1920年8月16日生育女兒素斐。正在北京求學的胡適侄子思聰、思永,以及江冬秀堂弟江澤涵,寄住在胡適家裡。高一涵從日本訪學歸來後,也需要與胡適一家同住。

1920年8月1日,胡適、蔣夢麟、陶履恭(孟和)、王徵(文伯)、張祖訓(慰慈)、李大釗、高一涵聯名在北京《晨報》發表《爭自由的宣言》。該宣言主要分為消極和積極兩個方面。消極方面包括六條內容:其一,1914年3月2日公佈的《治安警察條例》應即廢止。其二,1914年12月4日公佈的《出版法》應即廢止。其三,1914年4月2日公佈的《報紙條例》應即廢止。其四,1919年公佈的《管理印刷業條例》應即廢止。其五,1914年3月3日公佈的《預戒條例》應即廢止。其六,以後如果不遇外患或戰爭開始的時候,不得國會、省議會議決,或市民請求,不得濫行宣佈戒嚴。

積極方面提出三點要求:其一,下列四種自由,不得在憲法外更設立限定的法律:①言論自由;②出版自由;③集會結社自由;④書信祕密自由。其二,應即實行「人身保護法」,保障人民身體的自由。其三,應由無黨派關係的公民組織「選舉監督團」,於選舉時實行監督;並公請律師,專調查犯罪證據,和管理訴訟事項。

---

[19] 曹伯言整理《胡適日記全編》第3卷,安徽教育出版社,2001年,第180頁。

按照最後簽名人即執筆者的慣例，高一涵應該是這份宣言的主要撰稿人。該份宣言在附注中特別提到的「人身保護法」，指的是此前被章士釗譯為「出庭狀」的英國法律Writ of Habeas Corpus。

《爭自由的宣言》發表後，胡適應南京高等師範暑期學校邀請南下講學，期間曾在上海與陳獨秀（仲甫）等人討論此事。遠在北京的高一涵在1920年8月11日致胡適信中寫道：

> 從上海寄來的信收到了，本天又看見《民國日報》，知道你和仲甫還邀許多人討論爭自由的問題，很好。度日如年的慰慈，只急得天天打電話；歸心似箭的洛聲，從南京過都不得手進城，帶給你的書到蕪湖才寄給你。看他倆這種情形，倒覺得還是沒有家眷的自在！
>
> 奉直暗地裡已在預備○○了！老徐一隻手抓住「鬍子」，一隻手抓住「三哥」，一雙秋波又遠遠的向著西南送情！真真是個「龜」首！大學內部趁你不在這裡，又在興風作波，調集一般「護飯軍」開什麼會議了！結果怎樣還不知道。[20]

「老徐」即大總統徐世昌，「鬍子」即奉系軍閥張作霖，「三哥」即直系軍閥曹錕。「護飯軍」指的是北京大學內部以馬敘倫、沈士遠為首的一部分教職員，他們把索要欠薪、維護「飯碗」當成自己的第一要務。

---

[20] 《胡適來往書信選》上冊，第110頁。

與胡適一家長期同居的高一涵，直到1921年9月20日才從鐘鼓寺胡同14號遷入同一胡同的7號院。胡適為此在當天日記中寫道：「一涵與我同居四年，今天他移至同巷七號居住。日間不能去看他，晚間與冬秀同去看他。」[21]

第四節　《努力》時期的胡適和高一涵

胡適在《新青年》同人團隊中主張「二十年不談政治」，不僅遭到陳獨秀公開批評，而且受到非《新青年》同人的丁文江一再詬病。1921年5月21日，丁文江、胡適、王徵、丁文江、蔣夢麟倡議組織「努力會」，由胡適執筆起草的章程規定：「我們當盡我們的能力——或單獨的或互助的——謀中國政治的改善與社會的進步。……本會以中華民國10年6月1日為成立日期。」[22]

1921年7月8日，胡適在日記中寫道：「抄『E.S』的會章。下午『E.S』會集。我們都贊成有一個小週報。對於現在的許多重要問題，我們也討論了一會。」

「E.S」是努力會的英文「Endeavor Society」的縮寫。率先提議創辦《努力》週報的是丁文江，他建議每個社員每月捐出固定收入的百分之五，連續捐滿三個月後便可以充當創辦週報的資本金。

北京警察廳收到胡適等人的辦刊申請後，拖到1922年3月31日才予以核准，並且在批文中明確要求胡適等人「慎重將事，勿宣傳偏激之言論」。

---

[21] 曹伯言整理《胡適日記全編》第3卷，安徽教育出版社，2001年，第472頁。
[22] 耿雲志著《胡適年譜》修訂本，第79-80頁。

除了來自警察廳的干涉，上海商務印書館的張元濟、高夢旦、王雲五等人，也不贊成胡適創辦報刊。他們擔心胡適會步梁啟超的後塵成為「梁任公之續」，也就是脫離教育學術軌道而走上現實政治的不歸路。陳叔通甚至認為胡適太平和，不配辦報，尤其是政論性質的週報。

1922年2月7日，胡適在日記中記錄了自己忍不住要談論政治的心路歷程：

> 當《每週評論》初辦時，我並不曾熱心加入。我做的文章很少，並且多是文學的文章。後來獨秀被捕了，我方才接辦下去，就不能不多做文字了。自從《每週評論》被封禁之後（八年八月底），我等了兩年多，希想國內有人出來做這種事業。辦一個公開的、正誼的好報。但是我始終失望了。現在政府不准我辦報，我更不能不辦了。梁任公吃虧在於他放棄了他的言論事業去做總長。我可以打定主意不做官，但我不能放棄我的言論的衝動。[23]

1922年5月7日，由胡適主編的《努力週報》（The Endeavor）正式創刊，自1922年5月7日創刊至1923年10月31日終刊，共出版75期，期間另有《讀書雜誌》增刊18期。主要作者為努力社同人丁文江、高一涵、陶孟和、沈性仁、朱希祖、陳衡哲、任鴻雋、徐志摩。胡適於1922年底南下養病，交由高一涵代行主編職責。在胡適、丁文江、高一涵等人共同努力之下，這份週報一度成為

---

[23] 曹伯言整理《胡適日記全編》第3卷，安徽教育出版社，2001年，第552頁。「正誼」即現在通用的正義。

繼《新青年》和《每週評論》之後又一份擁有全國性影響力的同
人刊物，卻很快陷入難以維持的末路困境。

1922年5月14日，《努力週報》第二號刊登由蔡元培領銜、
胡適執筆的《我們的政治主張》，其中把他們的政治主張歸結為
「我們以為國內的優秀分子……現在都應該平心降格的公認『好
政府』一個目標，作為現在改革中國政治的最低限度的要求。」

在這份政治綱領的落款處依次簽名的是：

其一，蔡元培，國立北京大學校長。

其二，王寵惠，國立北京大學教員。

其三，羅文幹，國立北京大學教員。

其四，湯爾和，醫學博士。

其五，陶知行，國立東南大學教育科主任。

其六，王伯秋，國立東南大學政法經濟科主任。

其七，梁漱冥，國立北京大學教員。

其八，李大釗，國立北京大學圖書館主任。

其九，陶孟和，國立北京大學哲學系主任。

其十，朱經農，國立北京大學教授。

其十一，張慰慈，國立北京大學教員。

其十二，高一涵，國立北京大學教員。

其十三，徐寶璜，國立北京大學教授。

其十四，王徵，美國新銀行團秘書。

其十五，丁文江，前地質調查所所長。

其十六，胡適，國立北京大學教務長。[24]

---

[24] 歐陽哲生編《胡適文集》第3冊，第331頁。陶知行即後來以平民教育聞名於世的
陶行知。梁漱冥也寫作梁漱溟。

在1922年5月11日的日記中，胡適記錄了《我們的政治主張》撰寫及發表的全過程：「做一篇《我們的主張》，是第一次做政論，很覺得吃力。這本是想專為《努力》做的；後來我想此文頗可用為一個公開的宣言，故半夜脫稿時，打電話與守常商議，定明日在蔡先生家會議，邀幾個『好人』加入。知行首先贊成，並擔保王伯秋亦可加入。此文中注重和會為下手的第一步，這個意思是我今天再三考慮所得，自信這是最切實的主張。」[25]

第二天上午十一時，胡適等人到蔡元培家裡開會討論，下午三時定稿。沒有到會的高一涵、張慰慈等人於當天下午加入提議人行列。

《我們的政治主張》所希望的「好政府」，可以追溯到胡適留學美國時期所接受的現代工商契約及民主憲政社會的政治文明，借用江勇振的話說，幾乎可以用一個公式來表達胡適留美時期好政府主義的思想胚芽：「主意」＋「方針」＋「政策」＋「最大多數人的最大的幸福」＝好政府。[26]

1921年6月18日，胡適在日記中寫道：「下午，汪叔潛先生（建剛）來談。他是舊國會議員，在安徽政客中要算是好的。……我對他說的話之中，有幾句話可記。我說：現在的少年人把無政府主義看作一種時髦的東西，這是大錯的。我們現在決不可亂談無政府主義；我們應談有政府主義，應談好政府主義！」

自從這次談話之後，「好政府主義」在很長一段時間內成為胡適的口頭禪。1921年8月5日，胡適在安慶第一中學首次演講「好政府主義」，這也是他「第一次公開的談政治」。胡適在當

---

[25] 曹伯言整理《胡適日記全編》第3卷，第664-665頁。
[26] 江勇振著《舍我其誰：胡適（第二部日正當中，1917-1927）》上篇，第153頁。

天日記中寫下了自己的主要觀點：

> 「工具主義的政府觀」的引申意義：
> （1）從此可得一個批判政府的標準：政府是社會用來謀
>   最大多數的最大福利的工具，故凡能盡此職務的是
>   好政府，不能盡此職務的是壞政府。妨礙或摧殘社
>   會的公共福利的是惡政府。
> （2）從此可得一個民治（人民參政）的原理：工具是須
>   時時修理的。政府是用人做成的工具，更須時時監
>   督修理。因為人都有攬權的天性，若無有監督，總
>   會濫用他的威權去謀他的私利；私利與公共福利衝
>   突時，他就會濫用他的威權去摧殘公共的福利了。
>   故這個工具有嚴重監督和隨時改組修正的必要。凡
>   憲法、公法、議會等等都是根據這個原理的。
> （3）從此可得一個革命的原理：工具不良，修好他。修不
>   好時，另換一件。政府不良，監督他，修正他；他不
>   受監督，不受修正時，換掉他。一部分的不良，去
>   了這部分；全部不良，拆開了，打倒了，重新改造
>   一個；一切暗殺，反抗，革命，都根據於此。[27]

與這段話相對應的，是胡適此前於1919年9月27日現場翻譯
的杜威《社會哲學與政治哲學》第二講：

---

[27] 曹伯言整理《胡適日記全編》第3卷，第416-417頁。

第三派的社會政治哲學是科學精神洗禮過的。它是
實驗主義的、工具主義的，亦即它的目的是要成為一種藝
術，一種應用科學、一種社會工程（social engineering）。
政治是一種藝術。但不是那種盲目的、習以為常的或者魔
術式的藝術，也不是讓權謀或既得利益階級來控制的。它
的理想是：為了公眾的利益，我們要在公眾事務上引進一
些比較有計劃（conscious）的管理方法。……我們的社會
政治理論也必須能讓我們用來從事社會的改造、社會的工
程，同時也在應用中得到驗證。[28]

　　《努力》週報的創刊尤其是《我們的主張》的發表，激起了
胡適等人的政治熱情。1922年6月20日，蔡元培、王寵惠、顧維
鈞等人發起談話會，在顏惠慶住宅舉辦第一次討論政治問題的聚
會，參加聚會的有胡適、羅文幹、丁文江、張君勱、秦景陽、陳
聘丞、嚴璩、王長信、周詒春、蔣百里、林長民、陶孟和、李石
曾、高魯、葉叔衡等人，胡適、羅文幹當場提議將這種談話會變
為一種經常性聚會。

　　1922年9月，王寵惠在割據洛陽擁兵自重的直系軍閥第二號
首領吳佩孚的支撐下組織內閣，署理國務總理，羅文幹任財政總
長，湯爾和任教育總長。他們三人都曾在《我們的政治主張》上
簽名，這屆內閣因此被稱為「好人」內閣。

　　當時的直系軍閥內部，分為擁護直系軍閥第一號首領曹錕的
「保（定）派」，和擁護第二號首領吳佩孚的「洛（陽）派」。

---

28 引自江勇振著《舍我其誰：胡適（第二部日正當中，1917-1927）》上篇，第
　154頁。

在軍閥割據的大背景下，「好人」內閣並無實權，王寵惠等人整天忙碌，無非是替各個軍閥向外國借款。

1922年11月18日晚上，傾向於「保派」的眾議院議長吳景濂、副議長張伯烈帶著華義銀行買辦李品一，來到大總統黎元洪位於北京東廠胡同的宅邸，以財政總長羅文幹擅自簽訂奧國借款展期合同，使國家損失達五千萬元為由，挾持黎元洪下達逮捕命令。黎元洪繞過法定程序，直接手諭京畿衛戍司令王懷慶逮捕羅文幹並轉送地方檢察廳拘押，從而釀成轟動一時的「羅文幹案」。

隨著羅文幹案爆發，僅僅維持兩個月零六天的王寵惠「好人內閣」辭職解散。《我們的政治主張》中「平心降格」的政治主張，沒有一項得到落實。羅文幹案對於發起簽署《我們的政治主張》的胡適等人，是一個沉重打擊。1922年12月7日，胡適在朋友們的勸告下請假一年離校休養。

1923年5月30日，正在南方養病的胡適在日記中寫道：「昨日洛聲信上說，一涵接了一個妓女來家做老婆。洛聲的口氣似不以為然。故我今旦寫信與冬秀，請他千萬不要看不起一涵所娶的女子，勸他善待此女。……一涵住在我家的一院，我怕冬秀不肯招呼他們，故作此信。另作一信與一涵，勸他新娶之後，戒絕賭博，多讀書，繼續學問的事業。」[29]

高一涵收到胡適來信後，在6月3日的回信中深刻檢討了自己的放蕩生活：

---

[29] 曹伯言整理《胡適日記全編》第4卷，第22-23頁。

來信使我感激到十二分！我生平已經過三個垂危的時期：（一）辛亥後在安慶教育廳就事，再無讀書的志向；後來劉希平迫我到日本去，所以又走進求學的大門。（二）我在日本擬學習日文，把英文完全拋棄；後來遇著章行嚴一談，使我閉門讀了半年英文，至今才能勉強的看英文書。（三）到北京後治政治學很有趣味，所以又稍稍的讀點政治書；這幾年又因為放蕩的結果，差不多又把以前的讀書興趣不知不覺的隔開了。今又遇著你的良言，或者又可以起死回生了。

我這幾年得無家庭的好處背後得到許多無家庭的壞處──打牌和逛胡同。又從你的生活裡頭，看出讀書的興趣，可是又感得求學的難處。我因為我的天分不及你，我的求學的基礎不及你，我的身體不及你，所以前幾年【雖】然敢編《歐洲政治思想史》，近來簡直又不敢執筆了。因困難而氣餒，因氣餒而放蕩；我也知道這是宣佈自己的死刑！[30]

所謂「逛胡同」，就是到北京前門外的「八大胡同」去嫖娼狎妓，這是高一涵、陳獨秀等人的共同愛好。到了1924年5月26日，因為公開散發狎妓豔詩《贈嬌寓》而被錢玄同、周作人等人大肆圍攻的北大教授、《新青年》舊同人吳虞，在日記中借鑒效仿的偏偏是高一涵嫖娼狎妓的負面經驗：「張履成言，高一涵有

---

[30] 曹伯言整理《胡適日記全編》第4卷，第40頁。劉希平（1873-1924），原名腕蘭，字蘭香，中年自號希平，六安縣施家橋人，民國元年（1912年）任安慶江淮大學教授，1924年8月17日病逝於南京。

一姑娘，常叫至家中，絕不到班中去，此一法也。嬌玉不必遂討回，而可常叫至家中也。如此則少煩惱免攻擊，而於經濟亦寬裕矣。」[31]

由此可以看出，以啟蒙先驅自居的《新青年》同人陳獨秀、高一涵、吳虞等人，連自己的私人道德都不可能做到自由自治、自我健全，他們所提出的以「改造青年之道德」為首要任務的「倫理道德革命」和「思想革命」，無論如何都是不靠譜的。

1923年10月7日，滯留上海的胡適在日記中寫道：「雲五來、夢旦來、頡剛來、平伯來、孟鄒來、希呂來。約了《努力》社同人在旅館吃飯，談《努力》事，及我的行止。決議：（1）《努力》暫停，俟改組為半月刊或月刊時繼續出版。《讀書雜誌》不停。（2）我此時暫不回京授課。二事皆以我病休未痊為言，不關政事。夜九時半，訪實庵（即仲公），談至夜半一時。」[32]

這裡的「實庵（即仲公）」，指的是在上海從事地下祕密工作的中共領導人陳獨秀。10月9日，胡適在日記中寫道：「作長信與一涵、慰慈等，談《努力》問題，未發。」

10月14日，胡適在日記中寫道：「到叔永家中，與叔永、莎菲、經農、振飛商量《努力事》，決定月刊辦法。又商量政治問題，大家都想不出辦法來。我本想邀一班朋友發表一篇智識階級對政治的宣言，現在只好交白卷了。……發信：一涵（《努力》事），P。」

---

[31] 《吳虞日記》下冊，四川人民出版社，1984年，第183頁。嬌寓即吳虞所喜愛的妓女嬌玉。
[32] 曹伯言整理《胡適日記全編》第4卷，第66-67頁。

胡適寄給高一涵的這封書信的抬頭，寫的是高一涵、陶孟和、張慰慈、沈性仁四個人，他在信中表示要停辦《努力週報》：「《新青年》的使命在於文學革命與思想革命。這個使命不幸中斷了，直到今日。倘使《新青年》繼續至今，六年不斷的作文學思想革命的事業，影響定然不小了。我想，我們今後的事業，在於擴充《努力》，使他直接《新青年》三年前未竟的使命，再下二十年不絕的努力，在思想文藝上給中國政治建築一個可靠的基礎。」[33]

　　然而，擬議中的《努力月報》始終沒有與世人見面，反而給胡適、高一涵帶來了很不愉快的精神碰撞和思想分歧。

第五節　胡適與高一涵的碰撞和歧異

　　1924年8月20日，《晨報副刊》發表讀者來信，質問《努力月刊》早已登出預告，為什麼遲遲沒有出版？

　　由於胡適當時應丁文江邀請到北戴河避暑，高一涵便於8月28日發表了回答讀者質問的《關於〈努力月刊〉的幾句話》，說是「教我們出來為三塊錢至五塊錢去替那些持商務印書館股票的人掙紅利，老實說，心中總有點痛！所以我這個小卒對於商務印書館要包辦的《努力月刊》，不得不暗地裡抱著不合作的主義了。」

　　到了9月8日，胡適在寫給高一涵的私信中表示說：

---

[33] 原載《努力週報》第75號，1923年10月21日。見歐陽哲生編《胡適文集》第3冊，第339-400頁。

久不看報，前日檢得你在《晨報副刊》上《關於〈努力月刊〉的幾句話》，我仔細讀了，實在不懂得你是什麼意思。一個人要表示清高，就不惜把一切賣文的人都罵為「文丐」，這是什麼道德？拿盡心做的文字去賣三塊至五塊錢，不算是可恥的事。……我們如果有一點忠恕之心，不應該這樣嘲罵他們。

辦一個有資本的雜誌，像美國的《新共和》，那是我十年來的夢想。無錢而辦雜誌辦報，全靠朋友友誼的投稿，那是變態的現象，是不能持久的。《努力週報》不出稿費，連發行部的人也不支薪，這是我最不安的事。所以改辦《月刊》時，我極力主張，非集點資本，正不必辦。……但我們既不要軍閥的錢，又不願把自己賣給哪一個帝國主義的或反帝國主義的政府，這筆錢打哪兒來呢？[34]

1924年9月12日，《晨報副刊》刊登胡適落款時間為9月9日的公開信，其中寫道：

一涵先生代我作答，我自然是很感謝的。但他提及商務印書館的一層，未免有點失實。商務印書館對於《努力》的關係，並不是資本家對待「腦筋苦力」的關係，辦雜誌也不是「掙紅利」的好法子。至於「商務印書館於是便板起資本家的面孔說：『給你三塊錢至五塊錢一千字。』」那更是一涵筆鋒的情感，卻不是事實。……君子

---

[34] 致高一涵信，耿雲志、歐陽哲生編《胡適書信集》上冊，第338-339頁。

立論，宜存心忠厚；凡不知其真實動機而其事有可取者，
還應該嘉許其行為，而不當學理學家誅心的苛刻論調。[35]

按照馬克思的經濟學理論，「資本家」所從事的社會化擴
大再生產，並不是像中國傳統的土財主和暴發戶那樣，把金錢主
要用於建莊園、養妻妾之類的私人消費，而是在為全社會搭建市
場、創造財富、提供就業、依法納稅之餘，還要把有限的利潤投
放到新一輪的優勝劣汰的、擴大再生產的市場競爭之中。換言
之，現代工商契約及民主憲政社會第一位的支撐力量，就是最具
創造能力和奉獻精神的「資本家」。

對於胡適的公開批評，高一涵在很長一段時間裡耿耿於懷。
1924年10月14日，時任商務印書館編譯所史地部主任的朱經農，
在寫給胡適的書信中通知說：「一涵近有信來，怨懟之意溢於言
表，已由孟和復函慰之。」[36]

11月30日，朱經農在另一封書信中寫道：「一涵無非對於商
務表示不滿。總說商務對他太薄，因為他沒有大名氣。他總覺得
商務只知敷衍有名人物，而薄待學者。其實商務對於一涵實在不
曾薄待。他所享有的權利與其他有名人物一樣。他要誤會，商務
方面也只好由他，我們做朋友的也沒法解釋。一涵未免太量小一
點。他若和別家書店交涉，也決不能得較優的條件。」

高一涵於1918年底（一說是1919年初）進入北京大學編譯處
任職，主要負責與商務出版社接洽「大學叢書」出版事宜。他自
己曾於1923年在商務印書館出版過《歐洲政治思想史》上卷，當

---

[35] 胡適致《晨報》副刊記者，耿雲志、歐陽哲生編《胡適書信集》上冊，第342頁。
[36] 《胡適來往書信選》上冊，中華書局，1979年，第265頁。

時正在就《歐洲政治思想史》中卷出版事宜與商務印書館洽談。朱經農所謂高一涵「總說商務對他太薄」，指的就是這些事情。

高一涵之所以與胡適產生如此巨大的精神分歧，除了「太量小一點」之外，還與他缺乏獨立謀生能力的價值混亂直接相關。當年的《共產主義歷史上的變遷》一文，集中體現了高一涵作為半新半舊的讀書人，根深蒂固地奉行傳統儒教「存天理，去人欲」的重農輕商、重義輕利以至於仇視個人權利及私有財產的文化根性：

> 總而言之，從前的共產主義家因為看不起經濟，所以率性把經濟的問題丟開；現在的共產主義家把經濟看得很重，所以認定不解決經濟的問題，決不能解決政治的問題。從前想用政治的方法來解決經濟問題，以為只要有勞動代表加入政界便可改良經濟的生活。現在卻想把政治放在勞動者管理之下，使政治問題同經濟問題由勞動者自己一同解決。所以從前勞動界只要求參政；現在的勞動者卻想直接來管理國家。如果把國家放在勞動者的管理之下，如果國家之中沒有不勞而得的階級存在，共產主義就可以完全實現了。所以近代的共產主義所商榷的只是實行的方法的問題，至於共產制度本身可行不可行的問題，老早就用不著討論了。[37]

高一涵一方面把社會化擴大再生產的分工合作，認定為「馬克思所以主張共產主義的原因」；另一方面又反其道而行之，把

---

[37] 高一涵：《共產主義歷史上的變遷》，原載《新青年》9卷2號，1921年6月。

物質生產領域內的普通勞動者與管理社會公共事務的勞動者即政府公務人員之間的專業分工混為一談，甚至於把經營企業及管理社會公共事務的智力勞動完全排斥在「勞動」之外，進而把理想中的「共產主義」等同於取消社會分工的「把政治放在勞動者管理之下」。

高一涵把包括自己在內的用「腦筋苦力」掙稿費的文化人，貶低為下賤「文丐」；把商務印書館投資經營圖書出版「掙紅利」的正當作為，曲解為剝削「文丐」；充分暴露了他沒有能力走出中國傳統的家族農耕及君主專制社會以所謂天理天道及家國天下為本體本位的公天下、打天下、坐天下、平天下、家天下、私天下的怪圈魔咒和思想牢籠，從而只能在所謂的格物、致知、誠意、正心、修身、齊家、治國、平天下的貌似全能全知卻從來分不清楚公私群己之權利邊界的價值觀念和價值譜系當中渾渾噩噩討生活。

1927年5月，時任武昌中山大學教授及國民革命軍總政治部編譯委員會主任委員的高一涵，在悼念《李大釗同志略傳》中回憶說：

時陳獨秀先生為北大文科學長，是年因散佈北京市民宣言反對安福系事被捕，系獄三越月。出獄後潛離京赴上海，由上海至武昌講演，折回北京。甫至京二小時，即被員警追蹤而至。陳逃至北大教授王星拱宅，與守常偕乘驢車由通州至樂平。守常割去鬍鬚，戴上瓜皮小帽，手攜旱煙袋，盤膝坐車上，獨秀著王宅廚役油背心，望之儼然兩商人也。沿途因守常操北音，故無人盤問，而安然脫險

矣。……獨秀脫離北大後，即住滬，從事中國共產黨之組織，守常最先加入。

高一涵在這篇文章的「附識」中特別強調說：「注意：欲知守常思想之概要與變遷，必須讀守常各時代之論著。彼之文字散見於《民彝》雜誌、《新青年》雜誌、《晨鐘報》、《甲寅》日刊、《憲法公言》、《每週評論》、《努力週刊》（《我們對於時局的主張》是守常起草的，胡適之修改的）、《社會科學》季刊，及所編北大講義之中。今因手邊無此類刊物，不能詳述，又因此間同志多不知彼之歷史，故謹志其一生事蹟如此。」

高一涵所說的《我們對於時局的主張》，其實就是由胡適執筆撰寫的《我們的政治主張》，所謂「守常起草的，胡適之修改的」，分明是他對於並不久遠的歷史事實的蓄意改寫。

第六節　晚年高一涵的「摸風捉影」

1927年4月28日李大釗被殺害時，胡適正在日本逗留觀望。5月20日，胡適抵達上海，隨後定居於上海極司菲爾路49號的獨棟樓房，並且在丁文江推薦下出任專門管理美國退還庚款的中華教育文化基金董事會（簡稱中基）的董事。同年10月，胡適被國民黨南京政府主管文化教育的大學院長蔡元培，聘任為大學委員會委員。

1928年4月，胡適接任私立中國公學校長。1930年1月20日，胡適向中國公學校董會提出辭職申請，推薦同盟會創會元老、原中國公學總教習馬君武接替校長職務。圍繞著中國公學的派系權

利之爭，支持馬君武繼續擔任校長職務的胡適與反對馬君武的高一涵關係惡化。到了1931年1月17日，從北平回到上海參加中華文化基金董事會第五次常會的胡適，在日記中寫道：「十一月中，為了中公的事，幾乎與一涵絕交而散。今念『故者無失其為故』之義，特去看他。」[38]

胡適這次登門示好，並沒有明顯改善他與高一涵之間的私人關係。離開中國公學的高一涵，應監察院院長兼中國公學校董于右任邀請，於1931年2月16日被任命為監察院22位首批監察委員之一。1935年的4月6日，高一涵被任命為監察院湖南湖北監察區監察使。1940年8月7日，他又被任命為甘肅寧夏青海監察區監察使。1947年3月11日，高一涵再次成為湖南湖北監察區監察使。

高一涵進入官場之後，幾乎與胡適斷絕了來往。1949年，時任國民政府考試院委員的高一涵選擇留在中國大陸，出任南京大學的政治系主任和法學院院長。為了挽留年輕一代的法學家楊兆龍，他一度表示要從法學院院長的位置上主動讓賢。然而，他的法學院長職位並沒有讓給楊兆龍，而是在1952年的院系調整中裁撤「下崗」。

1957年的「反右運動」中，高一涵雖然沒有被打成「右派」，卻被剝奪了江蘇省司法廳長的實質權力，從此變成掛著省政協副主席和全國政協委員之職銜寫作回憶文章的閒散之人。晚年高一涵在《從五四運動中看究竟誰領導革命？》、《回憶五四時期的李大釗同志》、《李大釗同志護送陳獨秀出險》等回憶文章中，虛構捏造了許多所謂的「歷史事實」，曾經被他奉為「天

---

[38] 曹伯言整理《胡適日記全編》第6卷，第29頁。

使」和「起死回生」之大恩人的胡適，在他筆下變成了歷史罪人。[39]

1957年4月29日，《人民日報》發表高一涵的《回憶五四時期的李大釗同志》，其中寫道：

> 一九一九年六月，我們散發《北京市民宣言》的傳單，主張推翻段祺瑞政府，並宣佈京師衛戍司令段芝貴死刑。守常與陳獨秀都去散發。當場，陳獨秀被捕，三個月左右，釋出，仍受監視。守常設法送他逃走。他們扮作商人，帶了賬簿，套一輛騾車，守常坐在外面，陳獨秀坐在裡面，悄悄地把陳獨秀送到天津，乘船回到上海。[40]

1959年，中華書局為紀念五四運動40周年結集出版的《五四運動回憶錄》，收錄了高一涵的另一篇文章《從五四運動中看究竟誰領導革命？》。高一涵在文章中一邊歌頌美化李大釗，一邊抹黑歪曲胡適之，從而實現了與意識形態話語的全面接軌：「五四運動是反帝反封建的革命運動。是從舊民主主義轉變為新民主主義的革命運動。這個偉大的革命運動到底是誰領導起來的，至今還有人不大瞭解。還有人相信資產階級知識份子如胡適等也算是運動的領導人。這是完全與歷史事實不符的，必須予以糾正。」[41]

---

[39] 筆者此前在《高一涵的誤寫歷史》一文曾經對此事進行過專題研究，見張耀杰著《歷史背後：政學兩界的人和事》，廣西師範大學出版社，2006年。

[40] 高一涵：《回憶五四時期的李大釗同志》，錄入《五四運動回憶錄》上冊，中國社會科學出版社，1979年，第341頁。

[41] 高一涵：《從五四運動中看究竟誰領導革命？》，《五四運動回憶錄》上冊，第335-338頁。

在高一涵筆下，他與胡適長期同居的親密關係竟然變成了反戈一擊的殺手鐧：

> 那時我與胡適同住一宅，對他的情況比較清楚。在北京學生舉行示威遊行之前，他就去上海歡迎杜威去了。五四運動的爆發，他事前並不知道。當他聽說在這次遊行時，火燒了曹汝霖的住宅，痛打了躲在曹宅的章宗祥，直到段祺瑞政府出動軍警彈壓，捕去大批學生等等消息，他的軟弱性就澈底暴露。說什麼「搞得太過火，沒有英美式的政治家風度，出乎英美式群眾運動的範圍。」正在全國各省市學生紛紛起而回應時，北京的學生總會和北大的學生會開始組織起來。乘機奪取學生會的領導權的，就是胡適的得意門生和後來加入國民黨的投機分子北京學生總會的主席段錫朋霸佔去了，新潮社的編輯部也被傅斯年、羅家倫等鑽進去了。……五四運動爆發時。李大釗同志是一位親身參加者，並且是一位運動的組織者和領導者。……迄今還有人不曾弄清史實，認為胡適與陳獨秀、李大釗等同是五四運動的領導人，這是澈底違反歷史事實的錯誤說法。

既然「胡適的得意門生」段錫朋已經「奪取」和「霸佔」了「北京的學生總會和北大的學生會」；那麼，五四運動的領導權自然應該在胡適、段錫朋等人手中。這樣一來，「認為胡適與陳獨秀、李大釗等同是五四運動的領導人，這是澈底違反歷史事實的錯誤說法」，還能成立麼？

而在事實上，段錫朋當年並不是「胡適的得意門生」，真正稱得上是「胡適的得意門生」的傅斯年、羅家倫，也不是鑽進「新潮社的編輯部」的，反而是《新潮》雜誌的創辦人。當年的胡適、傅斯年、羅家倫、段錫朋等人與陳獨秀、李大釗、高一涵之間，更不存在勢不兩立的敵對關係。

　　到了落款時間為1963年10月的《李大釗同志護送陳獨秀出險》中，高一涵再次以歷史見證人身分回憶說：

> 　　時當陰曆年底，正是北京一帶生意人往各地收賬的時候。於是他兩個人雇了一輛騾車，從朝陽門出走南下。陳獨秀也裝扮起來，頭戴氈帽，身穿王星拱家裡廚師的一件背心，油蹟滿衣，光著發亮。陳獨秀坐在騾車裡面，李大釗跨在車把上。攜帶幾本帳簿，印成店家紅紙片子。沿途住店一切交涉，都由李大釗出面辦理，不要陳獨秀張口，恐怕漏出南方人的口音。因此，一路順利地到了天津，即購買外國船票，讓陳獨秀坐船前往上海。李大釗回京後，等到陳獨秀從上海來信，才向我們報告此行的經過。後來每談起他兩人化裝逃走事，人們都對李大釗見義勇為的精神，表示欽佩。……今天回憶，知道這件事的共六個人，至今僅有我一個還在，因而把它記錄起來。[42]

　　在這篇文章的「附注」中，高一涵另有一段補充說明：「李大釗同志於1927年在北京被害，陳獨秀於1942年在四川江津逝

---

[42] 高一涵：《李大釗同志護送陳獨秀出險》，《文史資料選輯》第61輯，中華書局1979年，第61-63頁。

世，王星拱於1949年秋後在上海逝世，程演生於1955年在上海逝世，鄧初於1959年在北京逝世（他是北京大學教授鄧叔存的二兄）。」

正是高一涵「僅有我一個還在」的上述回憶，為中共歷史上「南陳北李，相約建黨」的傳世佳話，提供了第一手的文獻依據。然而，更加確鑿的文獻資料證明，高一涵在1919年「陰曆年底」即西曆1920年2月19日前後，正在日本東京與王徵（文伯）一起訪學寫作，並不是「李大釗同志護送陳獨秀出險」的當事人和見證人。當年流亡海外的胡適，才是這一歷史事件依然健在的當事人和見證人。高一涵的相關文字，只是為了迎合政治宣傳而不惜虛構改寫歷史事實的蓄意說謊。

1919年6月11日，陳獨秀因為在公共場所擅自散發政治傳單而被捕，《每週評論》6月15日的第26號、6月22日的第27號，在此之前已經編輯定稿，其中包括胡適翻譯、高一涵記錄的兩篇杜威演講稿《美國之民治的發展》和《現代教育的趨勢》。6月23日，胡適出面在六味齋宴請周作人等12位同人討論《每週評論》的善後事宜，討論結果是由胡適接替陳獨秀的主編職責。胡適接辦的第28號集中表達的，是聲援營救陳獨秀的聲音，其中有胡適6月11日深夜寫於緞庫胡同八號的白話詩《威權》：「奴隸們同心合力，一鋤一鋤的掘到山腳底。山腳底挖空了，威權倒撞下來，活活的跌死！」[43]

陳獨秀被逮捕後，胡適並沒有像高一涵所捏造的那樣「搬到受帝國主義保護的東交民巷附近的北京飯店去躲藏起來」，反而

---

[43] 歐陽哲生編《胡適文集》第9卷，北京大學出版社，1998年，第141頁。

是李大釗於1919年7月帶著懷孕的妻子和兩個孩子舉家返回了河北樂亭，然後到昌黎五峰山的韓公祠避暑納涼。積極主動地採取行動救助陳獨秀出獄的，主要是包括胡適在內的安徽籍同鄉以及與陳獨秀有過生死之交的劉師培、劉三（季平）等人。

1920年2月9日，胡適在日程表的下午4、5時欄中填寫了「因C.T.S.事，未上課」的記錄，為陳獨秀逃避警方追究到胡適家中暫時躲避，提供了確鑿證據。

2月23日，周作人在日記中留有「上午往校得章洛聲君轉仲甫函」的記錄。陳獨秀的來信寫於2月19日即舊曆除夕之夜，其中有「我很平安，請兄等放心，見玄同兄請告訴他」一句話。

3月11日，陳獨秀在寫給周作人的下一封信中，特別提到在天津護送他南下上海的李大釗：「守常兄久未到京，不知是何緣故？」[44]

按照《民國日報》1920年2月23日的報導，陳獨秀在2月19日接受記者採訪時表示，他這次到上海來，依然準備赴廣州任職。廣州的政治空氣比北京要好，所以「改造廣州社會，或輕易於北京。故吾人此行，殊抱無窮希望也」。

但是，廣東軍政府政潮突起的殘酷現實，很快打破了陳獨秀的美好幻想。3月5日，章士釗自廣州來電，通知陳獨秀西南大學大綱已經政務會議通過，校址將設於上海，請不必赴廣州。在這種情況下，陳獨秀只好滯留上海，寄住在前安徽都督柏文蔚位於法租界環龍路老漁陽裡二號的私宅中。李大釗在天津送走陳獨秀時，已經是陰曆臘月23日左右，他從天津直接返回樂亭老家，並

44　周作人：《實庵的尺牘》，《過去的工作》，河北教育出版社，2002年，第68頁。

且在春節之後遲遲沒有回到北京，這才引出陳獨秀的上述疑問。

1920年4月2日，遠在日本東京訪學的高一涵在寫給胡適的書信中反省懺悔說：「看見你這回來信，一望便知是在著作時候寫的。你說學問不到用的時候，不覺得不曾懂得，不覺得沒有系統。這真是經驗的話！我從前東塗西抹，今天做一篇無治主義，明天做一篇社會主義，到現在才知道全是摸風捉影之談。我以為現在『新思潮』也多犯了這個大毛病。」[45]

應該說，無論是提倡「倫理道德革命」的陳獨秀，提倡「思想革命」的高一涵，還是較早提倡馬克思主義的李大釗，當年對於他們所提倡的「新思潮」，大都處於「摸風捉影」的初級階段。胡適在《多研究些問題，少談些「主義」！》中所針對的，就是這樣一種非正常現象。

到了1933年5月29日，魯迅在《〈守常全集〉題記》中曲曲曲折折表達的，依然是這樣一種歷史事實：「因為所執的業，彼此不同，在《新青年》時代，我雖以他為站在同一戰線上的夥伴，卻並未留心他的文章，……現在所能說的，也不過：一，是他的理論，在現在看起來，當然未必精當的；二，是雖然如此，他的遺文卻將永住，因為這是先驅者的遺產，革命史上的豐碑。」[46]

總而言之，高一涵違背歷史事實虛構捏造的幾篇回憶文章，依然是他當年反省懺悔過的「摸風捉影之談」，這些「摸風捉影之談」整體上是針對曾經有大恩於他的胡適的反噬陷害。

45　高一涵致胡適，1920年4月2日。耿雲志主編《胡適遺稿及秘藏書信》第31冊，黃山書社，1994年，第187頁。
46　《魯迅全集》第4卷，第525頁。

後記
從江勇振之胡適研究談起[1]

美籍華人江勇振，繼64萬字的《舍我其誰：胡適》第一部《璞玉成璧，1891-1917》之後，又於2013年推出83萬字的同名傳記第二部《日正當午，1917-1927》。書中發掘研判了許多鮮為人知的文獻資料，充實豐富了胡適研究的相關內容；美中不足的是，自稱擁有足以成為學術典範的「舍我其誰」方法論的江勇振，並沒有真正領悟到胡適「充分世界化」的「健全的個人主義」的文明觀念和價值追求。

1.胡適自我健全的立異求同

作為書名的「舍我其誰」四個字，來源於胡適1917年3月8日記錄在留學日記中的一句英文：「You shall know the difference now that we are back again!」這句英文脫胎於荷馬史詩《伊利亞特》，英國19世紀的宗教改良運動即「牛津運動」的領袖人物紐曼，是把這句英文當作座右銘加以引用的。1917年的胡適，用白話文在

---

[1] 本文是應《新京報》讀書編輯臨時邀約寫作的一篇急就章的讀書評論，經刪改之後以《資料翔實，誤讀胡適》為標題，發表於《新京報》2013年10月5日讀書版。錄入本書時重新進行了增補改寫。

日記中翻譯道：「如今我們已回來，你們請看分曉罷！」[2]

　　四個月後，胡適從美國學成回國。兩年後的1919年3月22日，已經成為北京大學知名教授和新文化運動靈魂人物的胡適，在少年中國學會籌備會議上發表標題為〈少年中國之精神〉的演講，再次引用了這句英文格言，並且給出了更加準確的中文翻譯：「如今我們回來了，你們看便不同了！」

　　1921年4月30日，胡適到天津演講〈個人與他的環境〉時，又一次引用這句英文格言，所闡述的是他正在形成之中的自我健全、立異求同的「健全的個人主義」價值觀：

> 　　個人應尊重自己良心上的判斷，不可苟且附和社會。今日我一個人的主張，明日或可變成三個人的主張；不久或可變成少數黨的主張；不久或可變成多數黨的主張。……社會的改造不是一天早上大家睡醒來時世界忽然改良了。須自個人「不苟同」做起。須是先有一人或少數人的「不同」，然後可望大多數人的漸漸「不同」。[3]

　　在中國文化史上，像黑格爾所說的表現「自由的個人的動作的實現」的西方經典戲劇的正式引進，是從1918年6月出版的《新青年》「易卜生號」開始的。負責編輯這期刊物的胡適，並沒有採用黑格爾「自由的個人」的概念，而是採用了一個中國化的通俗概念：「健全的個人」。1930年12月，《胡適文選》由亞

2　曹伯言整理《胡適日記全編》第2卷，安徽教育出版社，2001年，第555-556頁。參見江勇振著《舍我其誰：胡適（第二部 日正當中，1917-1927）》下篇，浙江人民出版社，2013年，第430-441頁。

3　曹伯言整理《胡適日記全編》第3卷，第232-233頁。

東圖書館出版發行，胡適在為該書所寫自序《介紹我自己的思想》中指出，《易卜生主義》一文「代表我的人生觀，代表我的宗教。」「易卜生最可代表19世紀歐洲的個人主義的精華，故我這篇文章只寫得一種健全的個人主義的人生觀。……這個個人主義的人生觀一面教我們學習娜拉，要努力把自己鑄造成個人；一面教我們學斯鐸曼醫生，要特立獨行，敢說老實話，敢向惡勢力作戰。」

陳獨秀主編的《新青年》雜誌，只是一份新舊雜陳的地域性刊物，是正在美國留學的胡適，為該雜誌注入了「充分世界化」的「健全的個人主義」的現代精神和文化靈魂。這種現代精神和文化靈魂表現在形而下的工具論層面上，主要是最具可操作性的白話文寫作及推廣；表現在形而上的價值觀念方面，就是大力輸入現代工商契約及民主憲政社會的「充分世界化」的價值觀念和價值譜系。具體落實到中國社會的文化語境之中，胡適用自我健全、立異求同的「健全的個人主義」，來概括這種「充分世界化」的價值觀念和價值譜系。

就在胡適借助易卜生戲劇向中國社會輸入引進「易卜生主義」即「健全的個人主義」的1918年8月，他在寫給錢玄同的書信中，腳踏實地實踐了這樣一種價值觀念：

> 我所有的主張，目的並不止於「主張」，乃在「實行這主張」。故我不屑「立異以為高」。我「立異」並不「以為高」。我要人知道我為什麼要「立異」。換言之，我的「立異」的目的在於使人「同」於我的「異」。（老兄的目的，惟恐人「同」於我們的「異」；老兄以為凡贊

成我們的都是「假意」而非「真心」的。）故老兄便疑心
我「低首下心去受他們的氣」。[4]

胡適把創新立異的大目標限定於造福全社會以至全人類的使
人「同」於我的「異」；而不是像《新青年》同人團隊中極具攻
擊性和戰鬥力的錢玄同、陳獨秀、劉半衣等人那樣，基於「存天
理，去人欲」的天理在我、惟我獨尊、替天行道、黨同伐異的老
舊思維，惟恐他人「同」於我們的「異」；以為凡贊成我們的都
是「假意」而非「真心」。

江勇振顯然沒有意識到胡適這種「充分世界化」的「健全的
個人主義」價值觀，在中國歷史上所具有的劃時代的創新意義。
他在書中所要糾纏的，是更低層次的所謂「五十步笑百步」的本
質相同：

退一步來說，即使胡適在《新青年》的編輯群裡表示
異議，他自己的做法跟「王敬軒」之計比較起來，只不過
是五十步笑百步而已。他要錢玄同等人不要因為不同意宋
春舫對戲劇的看法，就肆意謾罵他。理由是《新青年》可
以把他收為己用，不要一下子就把他逐出門牆。[5]

為了在理論上壓倒胡適以證明自己比胡適更加高明和高尚，
江勇振寫道：「胡適1915年1月在信上告訴韋蓮司，到美國留學
四年以來，他所服膺的是康德的道德律令，那就是說，必須把每

---

[4]　耿雲志、歐陽哲生編《胡適書信集》上冊，北京大學出版社，1996年，第197頁。
[5]　江勇振著《舍我其誰：胡適（第二部 日正當中，1917-1927）》上篇，第230-231。

一個人都當成目的，而不只是手段。」

　　無論康德如何解釋他的道德律令，現代文明人應該具備的常識理性是：每一個人既是目的，也是實現某種目的之第一載體和第一手段。人與人之間之所以能夠通過平等契約以及由此而來的法律程序和憲政制度在立異求同中相互合作、相互利用，就在於每個人既歸屬於人性相通的大同人類，又擁有屬於自己的一份可供利用交換的智力及體力資源。完全不利用別人也不被別人所利用的個人，幾乎是不存在的。

2.江勇振所謂「文化霸權」

　　錢玄同的黨同伐異與胡適的立異求同之間究竟是不是「五十步笑百步」，作為當事人的錢玄同，當然比江勇振更有發言權。1920年9月25日，鑒於周作人一再替遠在上海的《新青年》主編陳獨秀催討稿件，錢玄同在回信中反省道：

> 　　仔細想來，我們實在中孔老爹「學術思想專制」之毒太深，所以對於主張不同的論調，往往有孔老爹罵宰我，孟二哥罵楊、墨，罵盆成括之風。其實我們對於主張不同之論調，如其對方所主張，也是20世紀所可有，我們總該平心靜氣和他辯論。我近來很覺得拿王敬軒的態度來罵人，縱使所主張新到極點，終不脫「聖人之徒」的惡習，所以頗憚於下筆撰文。[6]

---

[6] 《中國現代文藝資料叢刊》第5輯，上海文藝出版社，1980年，第322頁。

江勇振在書中一再強調，只有他自己才找到了研究胡適的「唯一的法門」，他的如此表態就像當年「務以吾輩所主張者為絕對之是而不容他人之匡正」的陳獨秀一樣，完全沒有能力領悟胡適、錢玄同等人在中國文化思想史上曾經達到的精神高度。於是乎，他在《舍我其誰：胡適》第二部的「幕間小結」中，雖然翔實羅列了胡適對於「You shall know the difference now that we are back again!」的反復引用，卻偏偏得出一個曲解誤讀胡適的低級結論：「他的科學的人生觀、對近代西洋文明的禮贊、東方物質西方精神以及『吾輩已返，爾等且拭目以待』的舍我其誰的氣概，都淋漓盡致地展現在這篇演講裡。」[7]

　　這裡的「吾輩已返，爾等且拭目以待」，是江勇振對於胡適已經有了恰當貼切的漢語譯文「如今我們回來了，你們看便不同了！」的英語原文「You shall know the difference now that we are back again!」的生硬篡改。他所說的「這篇演講」，指的是胡適1926年10月9日晚上在英國的「大不列顛中國學生總聯盟」的年度宴會上的英文演講。

　　比起「這篇演講」，江勇振所謂「舍我其誰」的氣概的更加突出表現，是該書第三章的大標題「過關斬將，爭文化霸權」。正是在這一章裡，胡適1921年1月寫給陳獨秀的私人信件，被江勇振斷章取義地定性為「中國近代思想史上絕無僅有的一篇文化霸權爭權戰的自白書」：

　　　　你真是一個魯莽的人！……你難道不知我們在北京也

---

[7]　江勇振著《舍我其誰：胡適（第二部 日正當中，1917-1927）》下篇，第438頁。

時時刻刻在敵人包圍之中？你難道不知他們辦共學社是在《世界叢書》之後，他們改造《改造》是有意的？他們拉出他們的領袖來「講學」──講中國哲學史──是專對我們的？……你難道不知他們現在已收回從前主張白話詩文的主張？（任公有一篇大駁白話詩的文章，尚未發表，曾把稿子給我看，我逐條駁了，送還他……）[8]

這裡的「任公」，就是「研究系」的精神領袖、前輩學者梁啟超。1920年12月16日，陳獨秀應陳炯明邀請赴廣州主持廣東省教育委員會。臨行之前，他以《新青年》同人團隊大家長的身分，給胡適、高一涵寄來黨同伐異的警告信：「南方頗傳適之兄與孟和兄與研究系接近，且有惡評，此次高師事，南方對孟和很冷淡，也就是這個原因，我很盼望諸君宜注意此事。」[9]

為了避免《新青年》同人團隊的分裂解散，胡適啟動他在美國反復嘗試過的民主議事程序，邀請北京同人就他提出的三條建議進行表決。陳獨秀收到表決信後大為惱怒，再一次以《新青年》同人團隊大家長的身分，分別給李大釗、陶孟和寫信。他一方面表示要與倡議《新青年》停刊的陶孟和絕交；另一方面指責胡適「另創一個哲學文學的雜誌」的倡議，是「反對他個人」。

在這種情況，胡適委曲求全、言不由衷地寫下了勸告陳獨秀不要「魯莽」的上述信件。假如非要認定這封信件是所謂「文化霸權爭權戰的自白書」，極力展現「文化霸權」的也不是胡適，

---

[8] 胡適致陳獨秀，《胡適來往書信選》上冊，第119-120頁。參見江勇振著《舍我其誰：胡適（第二部 日正當中，1917-1927）》上篇，第209-212頁。

[9] 《關於新青年問題的幾封信》，張靜廬輯注《中國現代出版史料甲編》，中華書局，1954年，第7頁。

而是既要對外黨同伐異又要對內禁止反對意見的陳獨秀。

單就胡適來說，他當年確實有過像陳獨秀、錢玄同一樣粗暴武斷的文化表現。關於這一點，胡適在《中國新文學大系‧建設理論集‧導言》中反省說：

> 我在民國七年四月發表《建設的文學革命論》，把文學革命的目標化零為整，歸結到「國語的文學，文學的國語」……我們一班朋友聚在一處，獨秀、玄同、半衣諸人都和我站在一條路線上，我們的自信心更強了。……我受了他們的「悍」化，也更自信了。在那篇文章裡，我也武斷地說：「這二千年的文人所做的文學都是死的，都是用已經死了的語言文字做的。死文字決不能產出活文學。所以中國這二千年只有死文學，只有些沒有價值的死文學。……中國若想有活文學，必須用白話，必須用國語，必須做國語的文學。」[10]

胡適所說的「悍」化，就是極端絕對化、強悍粗暴化。他基於西方文藝復興的成功經驗而提倡白話文寫作，是符合人類共同體文明進步之大趨勢的。但是，他與陳獨秀、錢玄同、劉半衣、周作人、魯迅等人一起，採用全盤否定文言文甚至於還要廢漢字的極端絕對態度來提倡白話文，卻是既不民主也不科學的。胡適、陳獨秀、錢玄同等人把白話文標榜為「正宗」的「活文

---

[10] 胡適：《中國新文學大系‧建設理論集導言》，上海良友圖書印刷公司，1935年10月，第23頁。另見姜義華主編《胡適學術文集‧新文學運動》，中華書局，1993年，第249-250頁。

學」，把文言文否定為非正宗的「死文學」，本身就是中國傳統孔學儒教以所謂天道天理及家國天下為本體本位，一方面在剛性的政權架構之制度設計層面獨尊君權、一方面在柔性的文化思想之意識形態層面獨尊儒術的典型表現。白話文的真實價值和生命活力，應該在與文言文公平競爭、相互促進中體現出來，而不應該在獨尊君權加獨尊儒術的非此即彼、勢不兩立之「正宗」地位中體現出來。

胡適、錢玄同的難能可貴之處，是他們逐漸意識到了自己的「悍化」謬誤，並且通過自我反省、自我健全來糾偏校正。江勇振顯然沒有認真區分胡適、錢玄同在五四運動之後與陳獨秀的路徑歧異，反而沿著陳獨秀「務以吾輩所主張者為絕對之是而不容他人之匡正」——或者說是「存天理，去人欲」——的傳統思路，「舍我其誰」地表白說：「顧名思義，論戰的目的當然不是讓真理越辯越明，而是要打倒對方，爭取或鞏固自己的文化霸權。」

正是基於與胡適率先引入中國社會的「充分世界化」的「健全的個人主義」之價值觀念完全背離的「打倒對方，爭取或鞏固自己的文化霸權」的荒誕邏輯，江勇振採用唐德剛在《胡適口述自傳》中已經把玩過的把胡適先捧上天堂再打入地獄的學術套路，在《舍我其誰：胡適》第一部的前言中，賦予胡適一個「莫須有」的「文化霸權」式的歷史地位：「二十世紀前半葉的中國，能帶領一代風騷、叱吒風雲、臧否進黜人物者，除了胡適以外，沒有第二人。」[11]接下來，江勇振在其一套四部的《舍我其誰：胡適》當中針對胡適的夾纏不清、詞不達意的「臧否進

---

[11] 江勇振著《舍我其誰：胡適（第一部：璞玉成碧，1891-1917）》，新星出版社，2011年，第5頁。

「黜」，所要展現的無非是他自己想要充當「二十一世紀前半葉的中國，能帶領一代風騷、叱吒風雲、臧否進黜人物」之第一人的癡心妄想。

3.走偏誤讀的胡適研究

在《舍我其誰：胡適》第二部前言中，江勇振憑藉著在美國方便查閱各種文獻資料的學術優勢，極力表現他自己「舍我其誰」的「文化霸權」：

> 當前胡適研究最大的一個盲點，就是迷信只有在新資料出現的情況之下，才可能會有胡適研究的新典範出現。……然而，要突破當前胡適研究的瓶頸、要開創出新的典範，新的觀點才是法門。……惟一的法門，就是去讀杜威和赫胥黎的著作，然後再回過頭來審視胡適的文字，看胡適【是】如何挪用、誤用，乃至濫用杜威和赫胥黎的。[12]

僅就1949年之前的歷史事實而言，蔡元培、梁啟超、嚴復、丁文江、王雲五、林紓、章太炎、吳稚暉、王國維、陳寅恪、趙元任、陳獨秀、魯迅、周作人、錢玄同、劉半衣、梁漱溟、張君勱、徐志摩、林語堂、王世杰、陳源、錢穆、熊十力、顧頡剛、陶希聖、曾琦、郭沫若、田漢、郁達夫、老舍、曹禺、沈從文、張愛玲、胡風、路翎等諸多文化思想界之知名人士，都各有自己的讀者群和影響力。掌握軍政實力的袁世凱、徐世昌、段祺瑞、

---

[12] 江勇振著《舍我其誰：胡適（第二部 日正當中，1917-1927）》上篇，第1-5頁。

曹錕、吳佩孚、孫中山、黃興、陳其美、陶成章、宋教仁、馮玉祥、閻錫山、胡漢民、汪精衛、蔣介石、張作霖、張學良、孫傳芳、李宗仁等軍政人物，在某一時間區間內對於中國社會的現實影響力，更是手握筆桿子的胡適所不能企及的。

至於江勇振所謂胡適「如何挪用、誤用，乃至濫用杜威和赫胥黎」，說到底是在用複讀機的機器械標準來苛責作為活人的胡適。即使是杜威、赫胥黎本人，在不同的情景、面對不同的聽眾，對於自己的思想觀念的表述也會有細微的變通和調整。

按照席雲舒博士發表在《社會科學論壇》2016年第6期的長篇論文《胡適的哲學方法論及其來源》的翔實論證，胡適總體上並沒有像江勇振所說的那樣「挪用、誤用，乃至濫用杜威和赫胥黎」，反而是創造性地發展完善、整合貫通了杜威、赫胥黎等人的思想方法：

> 胡適對杜威實驗主義哲學的「效果論」及其方法是充分認同的，他並沒有誤讀杜威的思想，也沒有必要拋開杜威的哲學再去另建一套哲學體系，況且這個工作也未必是他的擅長。……但胡適對杜威的「實驗的方法」又是有所發展、有所完善的，並且往往有創造性的運用。他沒有使用皮爾士和詹姆士的「實用主義」（Pragmatism）概念，也沒有使用杜威的「工具主義」（Instrumentalism）概念，而是另用「實驗主義」概念來做杜威一派哲學的總名，亦可見出他的創造性所在。……
>
> 他對杜威哲學方法論的發展表現在，他把中國傳統的考證學方法、赫胥黎的「沙狄的方法」和杜威的「實驗

的方法」結合起來，如果說「制因以求果」的「實驗的方法」是杜威方法論的要旨，那麼「循果以推因」的「沙狄的方法」則是赫胥黎方法的精髓，胡適把兩者結合起來，不僅將其運用於古典學術考證等科學研究方面，也運用於對中國如何走向現代化的研究方面，一方面「循果以推因」，從中國古典傳統中尋找出人本主義、理性主義、自由精神等歷史發展的內在動因，以及阻礙中國走向現代化的原因，一方面又「制因以求果」，通過「文學革命」、「白話文運動」等實驗，從思想文化上為中國的現代化奠定一個基礎。正是他對這種「實驗的方法」的發展、完善和創造性的運用，為中國現代學術研究和思想文化現代化進程開闢了道路。

時間已經推移到21世紀，一位嚴謹負責的歷史文化學者，研究胡適的目的應該是從既有的歷史事實當中汲取教訓、尋找路徑，而不是在並不波瀾壯闊的胡適研究領域開創典範、實現霸權。更何況能不能夠成為典範，是個人能力之外的社會合力的結果，同時也是一代甚至幾代人反復驗證、事後追認的結果。

像江勇振這樣的海外華人學者，僅僅通過研究胡適就異想天開地要在漢語言文化圈裡實現所謂的文化霸權，本身就是很不健全的一種學術態度，同時也是對於胡適終生提倡的「充分世界化」的「健全的個人主義」之文明價值觀的走偏誤讀。像江勇振這樣只能充當胡適傳記資料長編的半成品學術著作，還沒有上市就打出「學界公認最權威最翔實的胡適傳記」的賣書廣告，更是對於學術共同體的公然侵權。

作為長年從事胡適研究的一名學界中人，我從來沒有聽說過「學界公認」之類的事情；儘管我對於江勇振嘔心瀝血地挖掘整理與胡適相關的一些中英文資料，確實抱有一份有限之敬意。

4.關於本書的補充說明

以上文字是我應《新京報》的臨時邀約寫作的一篇急就章的讀書評論，經編輯刪改之後以《資料翔實，誤讀胡適》為標題，發表於《新京報》2013年10月5日之讀書版。該文發表之後，《晶報》刊登記者劉憶斯的採訪錄《江勇振談胡適：應打破「胡適說過就算主義」》，說是採訪中江勇振還就近來張耀杰等一些內地學者批評自己結論先行、嚴重地誤讀曲解胡適，用「文化霸權」這種陳獨秀式的黨同伐異、不容忍的手法把板子錯打在胡適身上進行了回應。江勇振說，「事實上，有多少認為我筆下的胡適跟他們所瞭解的胡適不同的人，曾經反問過他們自己是不是結論先行？」江勇振認為，在不少胡適擁躉的心目中，胡適似乎是終生奉行「溫和」、「容忍」、「立異求同」、「以人為本、自由自治、契約平等、民主授權、憲政限權、博愛大同的現代文明價值觀念和價值譜系」的，他們就是「胡適說過就算主義者」的踐行者。

我的這部《胡適評議——政學兩界人和事》的上、中、下三卷殺青交稿之後，雲南昆明的書友唐斌先生藉著春節期間去臺灣自由行的機會，幫我買到了江勇振剛剛出版的《舍我其誰：胡適》的第三、第四部，並於2018年2月28日快遞到我的手中。打開該書第三部的前言，便看到江勇振對於我和饒佳榮等人的惡毒謾罵。

江勇振說是「張耀杰的《資料翔實，誤讀胡適》是一篇貌似前進，其實極其反動的怪文。……張耀杰的書評所反映出來的，是其不知學術為何物的事實。……張耀杰不懂『文化霸權』——不管是葛蘭西的hegemony，還是研究英國維多利亞時代的文化研究者所說的cultural authority。他一聽到『文化霸權』，就不但駭以為是『黨同伐異』，而且驚恐那是『洋名詞』、『洋主義』……」[13]

我雖然英文口語缺乏訓練，畢竟在1980年代當過幾年的衣村中學英語教員。江勇振自稱「我使用的『文化霸權』的概念是取自於研究英國維多利亞時代的文化研究學者……所說的cultural authority的概念」；事實上，cultural authority在漢語方塊字裡面比較匹配的詞語是相對中性的文化權威，而不是具有排他性、侵佔性、戰鬥性、殺伐性的文化霸權。江勇振恣意曲解cultural authority為「文化霸權」，然後又把所謂「文化霸權」、「舍我其誰」之類的充滿殺伐排他之惡意的聳人字眼，扣到與「文化霸權」、「舍我其誰」相差最遠的胡適頭上，像這樣的煌煌四大部、洋洋灑灑數百萬言的《舍我其誰：胡適》，就只能用詞不達意、夾纏不清、泥沙俱下、嘩眾取寵來加以形容了。

行文至此，我有必要再做兩點補充說明：

其一，胡適只是我研究學習和爭取超越的對象，而不是我盲目崇拜的對象。我既不崇拜宗教的上帝，也不崇拜紅塵世俗當中的任何個人。我對方塊字文化最大的不認同，就是缺乏罪錯意識，這當中就包括自以為是「少數中的少數」卻並沒有在1949年

---

[13] 江勇振著《舍我其誰：胡適（第三部）為學論1927-1932》，臺灣聯經出版事業股份有限公司，2018年2月，第16-18頁。

前後的歷史拐點上充分發揮其洞察力和影響力的胡適。我嘔心瀝血寫作這部三卷本的書稿，就是要反思包括胡適在內的相關人等的人性缺失和歷史罪錯的。

其二，江勇振在他的書中挑起了許多爭端，我只是相對理性克制地回應了他的部分謬論。無論是歷史事件的真相還是人文學術的真理，都是在討論爭辯和碰撞比對中逐步顯現的，我個人是希望被江勇振點名攻擊的相關學者，都能夠站出來有所應對的。

2018年1月30日改稿殺青於北京家中
2018年6月21日補充改寫與南京旅途之中

史地傳記類　PC0751　讀歷史73

胡適評議　卷一：
胡適與《新青年》

作　　者 / 張耀杰
責任編輯 / 杜國維
圖文排版 / 楊家齊
封面設計 / 楊廣榕

發 行 人 / 宋政坤
法律顧問 / 毛國樑　律師
出版發行 / 秀威資訊科技股份有限公司
　　　　　114台北市內湖區瑞光路76巷65號1樓
　　　　　電話：+886-2-2796-3638　傳真：+886-2-2796-1377
　　　　　http://www.showwe.com.tw
劃撥帳號 / 19563868　戶名：秀威資訊科技股份有限公司
　　　　　讀者服務信箱：service@showwe.com.tw
展售門市 / 國家書店（松江門市）
　　　　　104台北市中山區松江路209號1樓
　　　　　電話：+886-2-2518-0207　傳真：+886-2-2518-0778
網路訂購 / 秀威網路書店：https://store.showwe.tw
　　　　　國家網路書店：https://www.govbooks.com.tw

2018年8月　BOD一版
定價：330元
版權所有　翻印必究
本書如有缺頁、破損或裝訂錯誤，請寄回更換

國家圖書館出版品預行編目

胡適評議. 卷一, 胡適與《新青年》/ 張耀杰著.
-- 一版. -- 臺北市 : 秀威資訊科技, 2018.08
　　面 ;　　公分. -- (史地傳記類 ; PC0751)(讀
歷史 ; 73)
　BOD版
　ISBN 978-986-326-570-2(平裝)

　1. 胡適　2. 臺灣傳記

783.3886　　　　　　　　　　　　107009379

讀 者 回 函 卡

感謝您購買本書，為提升服務品質，請填妥以下資料，將讀者回函卡直接寄回或傳真本公司，收到您的寶貴意見後，我們會收藏記錄及檢討，謝謝！如您需要了解本公司最新出版書目、購書優惠或企劃活動，歡迎您上網查詢或下載相關資料：http:// www.showwe.com.tw

您購買的書名：_____

出生日期：_____年_____月_____日

學歷：□高中 (含) 以下　　□大專　　□研究所 (含) 以上

職業：□製造業　□金融業　□資訊業　□軍警　□傳播業　□自由業
　　　□服務業　□公務員　□教職　　□學生　□家管　　□其它____

購書地點：□網路書店　□實體書店　□書展　□郵購　□贈閱　□其他

您從何得知本書的消息？

　□網路書店　□實體書店　□網路搜尋　□電子報　□書訊　□雜誌
　□傳播媒體　□親友推薦　□網站推薦　□部落格　□其他_____

您對本書的評價：(請填代號　1.非常滿意　2.滿意　3.尚可　4.再改進)

　封面設計____　版面編排____　內容____　文／譯筆____　價格____

讀完書後您覺得：

　□很有收穫　□有收穫　□收穫不多　□沒收穫

對我們的建議：_____

_____

_____

_____

11466
台北市內湖區瑞光路 76 巷 65 號 1 樓

秀威資訊科技股份有限公司　　　收

BOD 數位出版事業部

....

（請沿線對折寄回，謝謝！）

姓　　名：＿＿＿＿＿＿＿＿　年齡：＿＿＿＿　性別：□女　□男

郵遞區號：□□□□□

地　　址：＿＿＿＿＿＿＿＿＿＿＿＿＿＿＿＿＿＿＿＿＿

聯絡電話：(日) ＿＿＿＿＿＿＿＿＿＿＿ (夜) ＿＿＿＿＿＿＿＿＿

E - m a i l：＿＿＿＿＿＿＿＿＿＿＿＿＿＿＿＿＿＿＿＿＿